重庆文化遗产保护系列丛书

宜宾市博物院馆藏青铜文物保护修复研究

重庆市文物考古研究院
重庆文化遗产保护中心　**编著**
宜　宾　市　博　物　院

巴蜀书社

图书在版编目（CIP）数据

宜宾市博物院馆藏青铜文物保护修复研究 / 重庆市文物考古研究院, 重庆文化遗产保护中心, 宜宾市博物院编著. -- 成都：巴蜀书社, 2023.12

ISBN 978-7-5531-2122-2

Ⅰ.①宜… Ⅱ.①重…②重…③宜… Ⅲ.①青铜器(考古)—文物保护—研究—宜宾②青铜器(考古)—器物修复—研究—宜宾 Ⅳ.①K876.414

中国国家版本馆CIP数据核字（2023）第230471号

宜宾市博物院馆藏青铜文物保护修复研究
YIBINSHI BOWUYUAN GUANCANG QINGTONGWENWU BAOHU XIUFU YANJIU

重庆市文物考古研究院　重庆文化遗产保护中心　宜宾市博物院　编著

策　　划	周　颖　吴焕姣
责任编辑	王　莹　王欣怡
责任印制	谷雨婷　田东洋
特约编辑	杨雨霏
出　　版	巴蜀书社
	成都市锦江区三色路238号新华之星A座36楼　邮编：610031
	总编室电话：028-86361843
网　　址	www.bsbook.com
发　　行	巴蜀书社
	发行科电话：028-86361852
经　　销	新华书店
设　　计	四川胜翔数码印务设计有限公司
印　　刷	成都市东辰印艺科技有限公司
版　　次	2023年12月第1版
印　　次	2023年12月第1次印刷
成品尺寸	210mm×285mm
印　　张	15.75
字　　数	326千字
书　　号	ISBN 978-7-5531-2122-2
定　　价	298.00元

本书如有印装质量问题，请与本社发行科联系调换

重庆文化遗产保护系列丛书编委会

主　任

白九江

副主任

周大庆　袁东山　方　刚　沈祖全

《宜宾市博物院馆藏青铜文物保护修复研究》编委会

主　编

白九江　黄乐生

副主编

顾来沅　薛加友

编　委（以姓氏笔画为序）

叶　琳　高　原

序 PREFACE

宜宾市博物院馆藏青铜文物保护修复研究

    宜宾市博物院是四川省内较早成立的博物馆。如果我没有记错的话,20世纪80年代初宜宾博物馆(现宜宾市博物院)就挂牌了,但此后几十年,与省内许多地市级博物馆相比,其发展却非常缓慢,直到五年前尚未有正式的馆址。四年前听说新馆奠基,我作为一个从事文博工作的宜宾人,心中自然很期待。2021年9月新馆开馆,我荣幸地收到参加开馆盛典的热情邀请,但因特殊情况,不能前往祝贺,至今引以为憾。2021年底四川省民俗学会老会长江玉祥教授去宜宾参加学术活动后,对新馆十分认可并推荐大家去参观。冬日回宜,因正逢春节,我没敢打扰院里同行,私下参观了新馆,确证江教授所言不虚。没隔几天,几位外地回蓉省亲的朋友让我推荐四川值得去的地方,我力推宜宾市博物院新馆,大家欣然前往。后来,承蒙黄乐生院长亲自陪同,我们一行人兴致勃勃地参观新馆后与院方业务人员交谈,更深入全面地了解新馆展陈运营以及他们的办馆理念。同行的朋友,浙江大学阮勇斌院士在座谈发言中对新馆评价极高,表示新馆在"建筑气势上不输许多省馆,展品展陈比南方广东某市馆还强",在座几位南方朋友也均表赞同。

    由此触发我进一步思考,近年宜宾市博物院为什么能在业内崭露头角、异军突起?这恐怕与他们长期重视业务技能提升、重视人才队伍建设、抓住新馆建设机遇有关。就业务技能提升来说,他们利用配合四川省文物考古研究院向家坝库区考古的机会，安排一批年轻人参加考古发掘，并主动承担宜宾市全国第三次文物普查的工作，积极协助四川省文物考古研究院的碑刻文物抢救性保护工程，业务骨干得到了很好的锻炼。此外，通过举办展览，如《考古宜宾五千年——向家坝水电站文物抢救与保护成果展》和《大观观城：宜宾历史文化名城展》，让业务人员了解展览流程、学习展览策划、亲自实践文创。在人才队伍建设方面，宜宾市博物院培养了一支年轻的业务团队，他们的带头人黄乐生院长就是几年前宜宾文化系统引进的第一位青年才俊。这些都是办好一个博物馆最基本的条件。

仅有以上作为，当然还远远不够。只懂得把展览办得光鲜，还不是真正意义上的博物馆，博物馆还有与展览同样重要的工作——藏品的征集、保管及保护。藏品是成立博物馆的重要基础，是办好陈列的重要前提。博物馆库房不同于普通货物的库房，进入新世纪后国家重视对博物馆建设的硬件投入，新建馆的抗震防洪防火、恒温恒湿等都是标准配置，但在藏品保护专业人员培养及操作规范上却存在明显短板，除少数大馆外，全国皆然。不过，宜宾市博物院也许是个例外。从已开放的四个展览可以看出，作为一个地市级博物馆，宜宾市博物院的藏品是比较丰富的，说明馆领导很早就认识到藏品保护的重要性。四川省文物考古研究院在向家坝发掘，宜宾市博物院既派人参加发掘，也派人参加文物修复；四川省文物考古研究院举办碑刻拓片培训班，宜宾市博物院也派人踊跃参加；同时安排刚参加工作的年轻人到四川省文物考古研究院、重庆市文物考古研究院向文物修复专家拜师学艺。一系列的举措和长期的坚持，终于开始有所回报。今天在宜宾市博物院展厅里陈列的许多展品就是经他们清洗、保养、修复过的。

说到文物保护，很多人觉得很专业、很高深，尤其是青铜器和铁器的除锈、防锈，石质文物防风化，漆器脱水，似乎都是世界性的"绝症"，权威机构和大专家都束手无策，普通文物机构更难有所作为。文博界存在这种认识的恐怕也不在少数，我以为这实在是个认识的大误区。文物患有多种疾病，"绝症"只是少数，大多数是可治疗的，但不管有无"绝症"、能否医治，文物更需要的是日常保养，以使其保持健康，少病、晚病，从而达到尽量延续其寿命之目的。这是一项平凡而伟大的工作，需要坚持不懈地去做。若不做日常保养，等拖延成"重症"再医治，即使康复也定会耗资不菲，难以康健如初，甚至令很多文物"回天乏力"。有些文保机构忽视文物保养，几十年拖成"重症"，不得不下"猛药"治疗，然后又拖几十年，再下"猛药"医治，周而复始，走不出闭环。例如，我们常常会在各地石窟寺看到一些佛像蒙垢积尘甚厚，寺庙里的石木雕塑也大多如此，这就是未做日常保养的典型表征。所幸在宜宾市博物院展出的各类文物展品基本都是经过细心的日常保养维护的。他们坚持不懈地为普通文物擦拭修补、掸灰去尘，为书画装裱防蛀，进行古籍晾晒等日常保养工作。这是他们重视文物保护的一个直观体现，这是一个博物馆该做的正确的事。以我所见所闻，就文物的保护修复而言，一个西部地市级博物馆做出如此大的成绩，即便放眼全国，也是极为突出抢眼的，其经验和做法值得宣传、褒奖、示范、推广。

如今，他们又把修复成果与新馆展陈介绍"合二为一"进行出版传播。我为这一奇思妙想叫绝。何以称其为妙想呢？首先，文保书出版不少，但都单独成册，由于比较专业且枯燥，购者寥寥。若和展陈介绍合一，想了解展览而购书者自然会翻阅到修复部分，能更深入知晓展陈背后的故事，而展览介绍书籍一般都是馆里的长线畅销书和馆际交往礼品。这样，其传播效果自然比"单打独斗"强多了。其次，能让社会全面了解博物馆被大家忽视的一项职能——收藏。再次，就是要让公众知道博物馆里的藏品经发掘、征集、调拨进入博物馆后，还需要有专人常年做保护工作，其中不少藏品是经过文保人员精心修复才得以展出的。

近年来，"让文物活起来"的热度持续不减，其内涵极为丰富，不能孤立地理解为做几件文创商品、编几段动漫短片那么轻巧。事实上，馆藏文物的保养修复是"让文物活起来"的重要举措，保养就是让文物本身活起来，而且能让它更健康长寿地活着。从这个意义上，本书能让我们更理解博物馆文物修复专家们的工作，感谢他们默默地辛勤付出，也感谢院领导决策汇总成书的良苦用心。

观览全书写就上文，姑且为序。

高大伦

2023年5月写于成都

CONTENTS 目 录

第一章 概述 / 001

第一节 宜宾市博物院简介 / 002

第二节 宜宾市历史及文物资源 / 005

第三节 宜宾市博物院119套（147件）馆藏青铜文物保护修复项目 / 006

第二章 青铜文物病害调查与研究 / 011

第一节 青铜文物基本情况 / 012

第二节 文物保存环境调查 / 020

第三节 病害调查与评估 / 022

第四节 检测分析研究 / 026

第三章 青铜器的保护修复 / 057

第一节 保护修复工作原则及依据 / 058

第二节 保护修复技术路线 / 060

第三节 保护修复实施 / 061

第四节 保护修复案例 / 068

第四章　文物清洗研究 / 085

第一节　清洗研究对象：金饰文物 / 087

第二节　清洗研究 / 088

第三节　装饰层显微分析及厚度检测 / 100

第五章　透射及补铸研究 / 105

第一节　X射线透射分析 / 106

第二节　补铸研究 / 119

第六章　项目成果 / 123

第一节　项目管理 / 124

第二节　预防性保护 / 125

第三节　项目总结与收获 / 127

第四节　保护与利用 / 129

第七章　部分文物研究 / 135

第一节　一件藏传佛教鎏金度母站像的清洗研究 / 136

第二节　从一组清代战袍饰件看传统鎏金鎏银工艺的发展 / 144

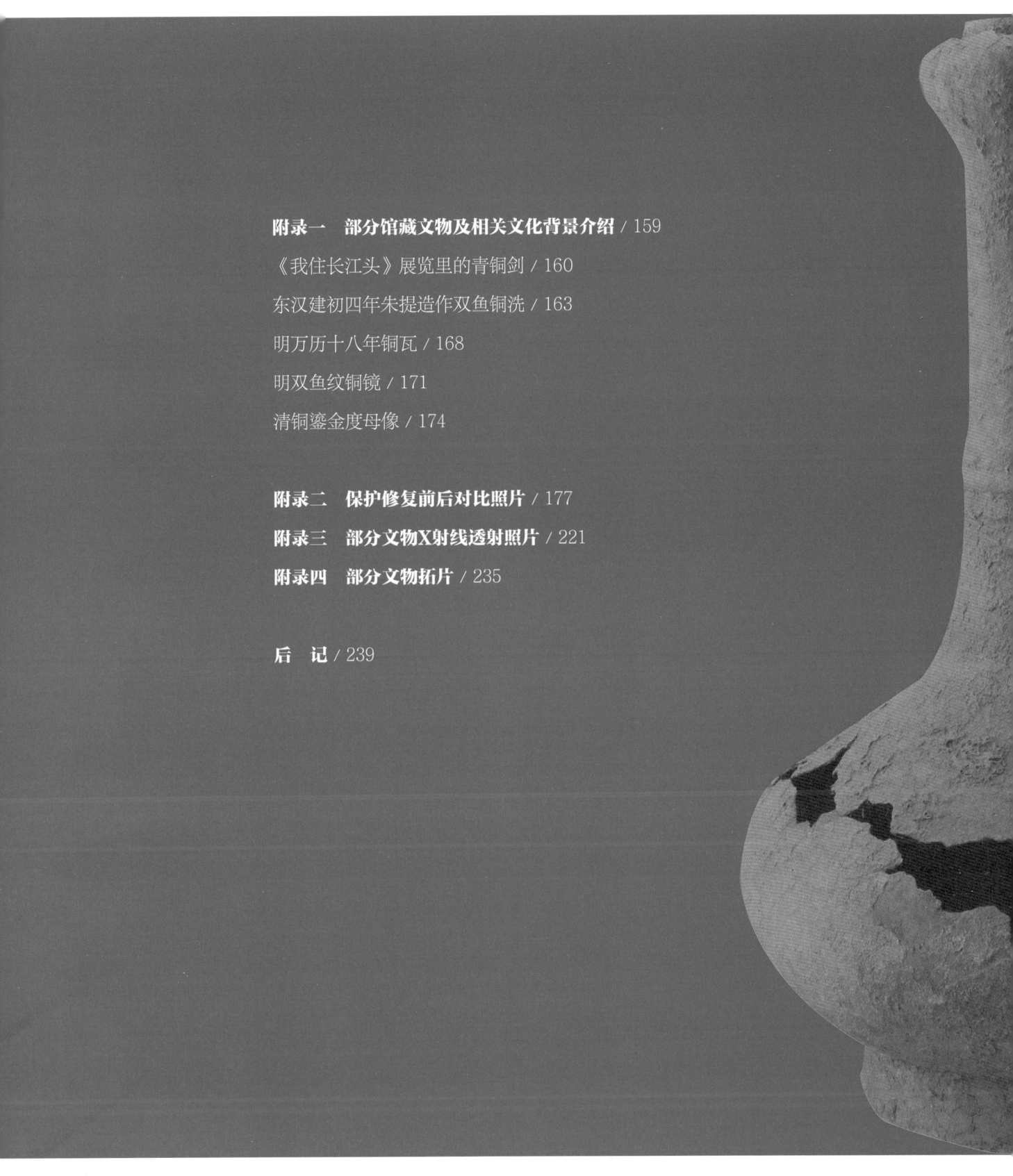

附录一　部分馆藏文物及相关文化背景介绍 / 159

《我住长江头》展览里的青铜剑 / 160

东汉建初四年朱提造作双鱼铜洗 / 163

明万历十八年铜瓦 / 168

明双鱼纹铜镜 / 171

清铜鎏金度母像 / 174

附录二　保护修复前后对比照片 / 177

附录三　部分文物X射线透射照片 / 221

附录四　部分文物拓片 / 235

后　记 / 239

第一章
Chapter One

概述

第一节　宜宾市博物院简介

宜宾市博物院（宜宾市非物质文化遗产保护中心、宜宾市文物考古研究中心）位于宜宾市三江新区长翠路，占地面积约10700平方米，建筑面积34386.9平方米，是四川省建成投入使用的规模体量最大的地市级博物馆，是宜宾市最大的文物收藏、保护、研究、展示利用及非物质文化遗产保护业务工作单位，国家二级博物馆。展厅面积6100平方米，共5个展厅，分别陈列有《四季乡愁——宜宾民俗专题陈列》《我住长江头——宜宾历史文化陈列》《酒都酒风——宜宾酒文化专题陈列》《墨韵三江——宜宾市博物院馆藏精品书画展》4个常设展览和1个临时展览。现有馆藏文物12000余件，其中珍贵文物1471件。目前，正在积极创建国家一级博物馆和区域考古、展示、文保中心。

图1-1　宜宾市博物院新馆

图1-2 《四季乡愁——宜宾民俗专题陈列》

《四季乡愁——宜宾民俗专题陈列》，面积1800平方米。展览分为前言、春生、夏长、秋收、冬藏和结语六个部分，展示老宜宾一年四季各个时节的民俗活动和具有代表性的非物质文化遗产项目。展品包括农耕用具、制茶工具、酿造工具、川剧道具服饰、孩童玩具、婚嫁礼俗用品、民族手工艺品等民俗老物件。

《我住长江头——宜宾历史文化陈列》，面积1950平方米。展览以各个历史时期的重大事件、重要人物、重点文物为线索，展示宜宾从距今3万多年前的远古时期至1949年新中国成立时期的历史。展览以"水""江"为媒，贯穿各

图1-3 《我住长江头——宜宾历史文化陈列》

图1-4 《酒都酒风——宜宾酒文化专题陈列》

个单元的内容策划，构成一个完整的三江交汇古城的历史文化体系。

《酒都酒风——宜宾酒文化专题陈列》，面积1100平方米。展览分为"天造酒都""酒都酒史""酒都酒业""中国酒都"四个部分，讲述了宜宾4000多年的酿酒史和今日宜宾酒业的辉煌，旨在展示酒都宜宾的魅力与风采。

《墨韵三江——宜宾市博物院馆藏精品书画展》，面积400平方米。该展共计展出馆藏精品书画37件，年代为清至民国时期。既有国内大家张大千、徐悲鸿、黄宾虹、傅抱石、张善子、陆俨少等的珍贵墨宝，也有本地书家薛焕、赵树吉和"字妖"包弼臣的书法作品。整个展厅采用中式婉约风格，借助园林空间手法，小而雅致，独出心裁。

图1-5 《墨韵三江——宜宾市博物院馆藏精品书画展》

第二节　宜宾市历史及文物资源

宜宾地处川、渝、滇、黔接合部，金沙江与岷江在此相汇始称"长江"。宜宾历史悠久，文化璀璨，有着2200多年的建城史、3000多年的种茶史、4000多年的酿酒史以及近4万年的人类活动史，历来是中央王朝开发和经略西南的桥头堡、南方丝绸之路的重要节点，是"国家历史文化名城""中国优秀旅游城市"，有"万里长江第一城""中国酒都""中华竹都""世界动力电池之都"等美誉。

宜宾位于四川盆地南缘，东靠万里长江，西接大小凉山，南近滇、黔，北连川中腹地，素为川南形胜。自古以来，宜宾就是川南、滇东北和黔西北一带重要的物资集散地和交通要冲。气候环境属中亚热带湿润季风气候，浅丘、河谷兼有南亚热带的气候属性，具有气候温和、热量丰足、雨量充沛、光照适宜、无霜期长、冬暖春早、四季分明的特点。可以说，得天独厚的自然条件和优越的地理位置，是宜宾历史文化产生和发展的基础。

旧石器时代晚期，宜宾筠连和珙县地区就有人类活动遗迹。在今筠连县镇舟镇拱猪洞曾出土1枚距今约4万年的古人类牙齿化石，其个体被命名为"筠连人"，并伴有出土旧石器时代的"大熊猫—剑齿象动物群"化石。又在珙县洛表镇发现了穿山洞和大洞口两个旧石器洞穴遗址，出土了数十件石核、石片、刮削器、砍砸器等打制石器。向家坝考古发掘中叫化岩遗址与石柱地遗址的新石器时代遗存发现，一举填补了川南史前考古学文化的空白，将对川南历史的认识上溯了近3000年，提至距今约5000年。先秦时期，宜宾为僰人聚居之地，史载僰人建立了僰侯国。战国后期，今宜宾市境已全部纳入秦之巴、蜀二郡。秦时设僰道，为宜宾历史上第一个县级政区。西汉高后六年（前182年）修建僰道城，开启了宜宾2200多年的建城史。汉武帝建元六年（前135年）改僰道为僰道县。三国时诸葛亮平定南中叛乱后经僰道返回成都。南朝梁武帝大同十年（544年）设立戎州，成为军事重镇。唐贞观六年（632年）在戎州僰道城置戎州都督府，管领64个羁縻州，辖140余县，范围相当于10多个如今的宜宾，故后世对宜宾有"西南半壁"之誉。北宋徽宗政和四年（1114年）改戎州为叙州，改下辖的僰道县为宜宾县，"宜宾"二字首次成为州治地名。南宋末，叙州成为宋蒙战争的战略重地。元朝改叙州为叙州路，设叙南等处蛮夷宣抚司，对民族集居地方实行土司管理。明朝改叙州路为叙州府，对民族地区实施"改土归流"政策。清宣统三年（1911年）12月5日，川南军政府成立，结束了清王朝在宜宾的统治。

宜宾自古交通区位独特，战略地位突出，是封建中央政权管控西南边陲地区的重要门户。在历史长河中，宜宾一直担负着维持国家稳定和民族团结的重任，民族交融和文化交流相伴、战争多发与商贸繁荣并存，是长江上游最重要的物资转运节点、文化交流枢纽和长江文化带上的代表性城市。宜宾古城空间格局既尊崇礼制，又因地制宜，功能布局突出水运、商贸职能，是长江上游依山傍水、交通商贸类城市格局的典型代表。

秦五尺道作为官方修筑的沟通西南民族地区的第一条国家通道，使今宜宾成为内地通向西南边疆的交通节点，为中央王朝控制、开发大西南提供了基础。汉昭帝时犍为郡郡治迁至三江口僰道城，僰道县成为面向西南区域的施政中心。唐太宗时设立戎州都督府，纵贯西南，戎州成为唐王朝管理西南广大民族地区的军政中心。宋代八大茶马互市，宜宾独占其二（叙州城和长宁军）。明清时宜宾形成了川、滇、黔商贸和物资集散中心，有"搬不完的昭通，填不满的叙府"之说。全民族抗战时期，宜宾李庄、重庆、成都、昆明并列为抗战时期的四大文化中心，由此李庄也被称为"中国文化的折射点，民族精神的涵养地"。

全市现有中国世界文化遗产预备名单1项2处（五粮液老作坊和红楼梦槽坊头老作坊）；登记有不可移动文物5946处，全省排名第2，其中文物保护单位280处（国保17处、省保49处、市保66处、县保148处）；可移动文物17780件/套，其中珍贵文物2164件/套（一级文物37件/套、二级文物110件/套、三级文物2017件/套）；备案博物馆（纪念馆）19家，其中等级博物馆2家（宜宾市博物院二级、赵一曼纪念馆三级）；乡（村）史馆22家。

宜宾市博物院现有馆藏文物12000余件，其中珍贵文物1471件。藏品类别多样，尤以战国西汉青铜器、汉代陶俑与石棺、宋明石刻与悬棺、明清书画及历代陶瓷等最具特色，具有鲜明的时代特征和较高的历史、艺术和科学价值。2021年，宜宾市博物院新馆建成开放；2022年，宜宾市博物院成功承办"5·18国际博物馆日"川渝主会场活动，推出了《花开并蒂——巴蜀青铜文明特展》；2023年"5·18国际博物馆日"，"宜宾市博物院基本陈列"荣获"第二十届（2022年度）全国博物馆十大陈列展览精品推介优胜奖"。

第三节　宜宾市博物院119套（147件）馆藏青铜文物保护修复项目

随着馆藏珍贵文物数据库建设及博物馆建设的推进，宜宾市博物院先后对各类馆藏文物及其保存现状进行了全面清点和整理。由于宜宾气候环境潮湿，早期文物库房保管条件有限，加之文物年代久远，很多文物都出现了不同程度的病害劣变。青铜文物出土时大多数都已出现破碎、断裂、变形及锈蚀等病害，部分器物仅进行了简易清理，保存现状不容乐观。很多青铜文物表面珍贵的铭文和纹饰已难以辨认，部分器物甚至有害锈蔓延，亟须进行科学的保护修复。同时，为配合宜宾市博物院新馆展陈需要，充实展览内容、丰富展陈形式，宜宾市博物院初步挑选出一批具有较高价值但病害较严重的文物，开展保护修复工作。

一、方案编制及申报

2016年9月，宜宾市博物院从馆藏文物中挑选了119套（147件）各个时期的青铜文物，委托具有可移动文物修复资质的相关单位编制保护修复方案。

2016年10月，宜宾市博物院配合相关单位开展现场调查、收集相关文物信息资料、拍照、检测采样、绘图、病害分析等前期工作，依据《馆藏金属文物保护修复方案编写规范》等相关要求，编制了《宜宾市博物院馆藏青铜文物保护修复方案》。

2018年6月，该方案经专家评审，获得四川省文物局的批复（批复编号：川文物函〔2018〕88号），同意该方案的实施，并获得专项保护经费。

二、项目实施

2018年8月，重庆市文物考古研究院（原重庆市文化遗产研究院）通过公开招投标程序中标了"宜宾市博物院馆藏青铜文物保护修复服务采购项目"。

2018年10月，重庆市文物考古研究院与宜宾市博物院签订服务合同（项目编号：5115012018000415）。合同规定自合同签订之日起23个月内，完成119套（147件）馆藏青铜文物的洁除、有害锈转化或去除、矫形、拼对粘接、补配、缓蚀、封护、作色、制作文物包装、完善保护修复档案等工作步骤，达到"消除文物病害、恢复文物形貌、维持文物稳定状态"的工作目标。

2019年4月，双方移交文物后开始正式实施该批文物的保护修复工作。依据《中华人民共和国文物保护法》《中华人民共和国文物保护法实施条例》《可移动文物病害评估技术规程 金属类文物》（WW/T 0058-2014）以及《馆藏金属文物保护修复记录规范》（GB/T 30687-2014）等规定和川文物函〔2018〕88号批复文件的要求，并以《宜宾市博物院馆藏青铜文物保护修复方案》确定的保护修复目标和技术路线为指导，在前期调研的基础上，通过科技检测分析手段，研究青铜文物的病害类型及发生原因，经过两年的时间，该保护修复项目工作顺利完成。

三、项目验收

2020年12月1日，宜宾市文化广播电视和旅游局组织专家在重庆市文物考古研究院对"宜宾市博物院119套（147件）馆藏青铜文物保护修复项目"进行了验收。通过现场考察、听取项目汇报，经专家组质询和讨论，形成如下意见：

图1-6 方案批复文件

图1-7 项目验收意见书

1. 该项目根据川文函〔2018〕88号批复文件实施，完成招标文件（项目编号：5115012018000415）约定的全部内容，达到预期目的，同意通过验收。

2. 针对宜宾市博物院馆藏青铜文物保护问题，按照金属文物保护的相关规范和标准进行了前期调查和分析检测工作。实施技术路线合理，工艺方法严谨，材料选择得当，保护修复效果良好。

3. 通过项目实施为相关单位培养文物保护修复人才。

4. 该项目文物保护修复档案资料齐全、规范。

建议：文物收藏单位加强文物保存环境条件控制；实施单位做好后期跟踪服务。

图1-8　项目验收汇报

图1-9　项目验收现场

第二章
Chapter Two

青铜文物病害调查与研究

第一节 青铜文物基本情况

本项目涉及119套（147件）青铜文物，其中一级文物1套（件）、二级文物8套（件）、三级文物64套（68件）[①]，除了15套（31件）为宜宾境内发掘出土外，其余均为旧藏或拨交器物。文物类型多样，可分为兵器、食器、酒器、水器、乐器、法器及其他杂件7个大类，其中兵器类32件（矛2件、剑20件、钺2件、刀1件、马刺7件），食器类16件（釜8件、盘3件、碗2件、匙1件、鼎1件、甑1件），酒器类8件（钟3件、壶3件、觚1件、爵1件），水器类21件（鉴8件、洗6件、手炉1件、盆1件、铞5件），乐器类8件（鼓2件、锣镲3件、铃2件、磬1件），法器类7件（铜像6件、仙人骑鹿像1件），杂件类55件（铜镜21件、盏4件、香炉3件、熏炉5件、饰件1件、镰斗3件、瓶2件、烛台2件、灯5件、盒2件、带钩3件、瓦3件、案座1件）。青铜文物的类别情况和年代分布情况如图2-1、图2-2所示，具体详细文物信息详见表2-1。

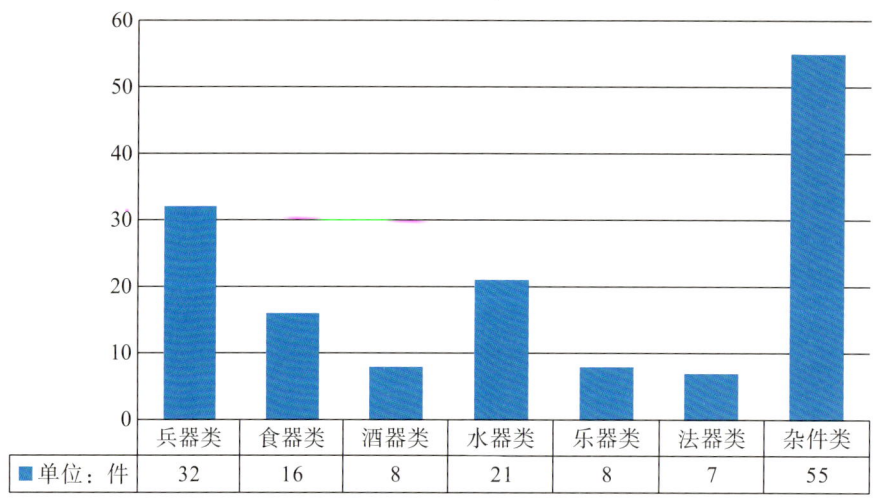

图2-1 宜宾市博物院馆藏待修青铜文物的类别情况

[①] 本书涉及的定级文物部分为保护修复后定级，保护修复后新增一级文物1套（件）、二级文物4套（件）、三级文物12套（件）。

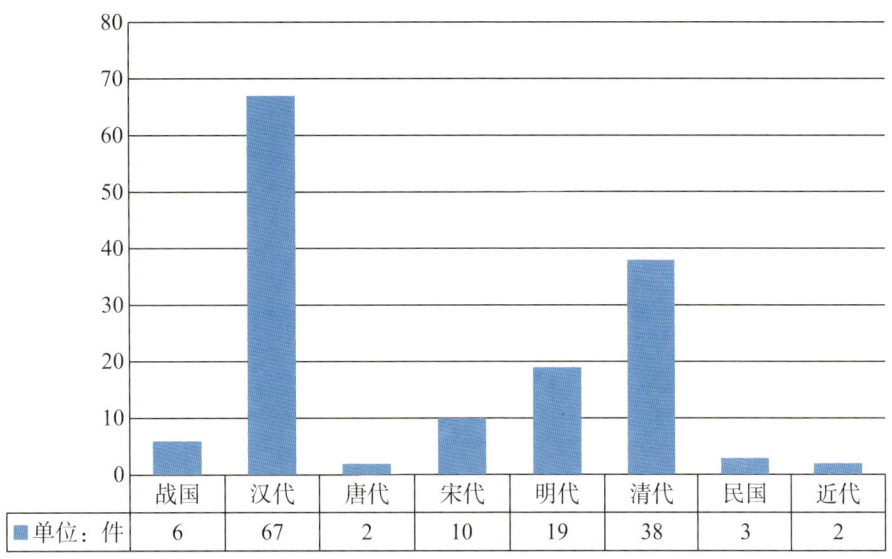

图2-2 宜宾市博物院馆藏待修青铜文物的年代分布情况

文物的时代跨度非常大，从战国、两汉一直延续到明清，甚至近代，但以汉代居多。

战国时期的器物主要为兵器，有扁茎柳叶形剑、双弓耳柳叶形矛和铜钺各2件，器形保存完好，纹饰特征明显，铸造工艺精湛。柳叶形剑、戈、矛、钺等青铜兵器与虎钮錞于、编钟、铜钲等青铜乐器是晚期巴族青铜文化的代表，对研究巴文化与蜀文化的关系提供了珍贵的实物资料。

两汉时期典型的青铜文物以生活用器为主，如蒜头壶、釜、洗、钟、鉴、锅、镳斗、带钩等。多件器物上带有纹饰和铭文，如东汉双耳铜壶腹身前后分别有饕餮纹；东汉延平元年堂狼造作双鹭铜洗外身饰凹带纹二道，内底两侧饰鹭纹，中间铸"延平元年堂狼造作"八字铭文。此外，东汉仙人骑鹿铜像造型奇特，卧鹿双耳直立，屈腿支地，并作回首张望状，仙人背生双翼，屈腿骑于鹿上，着柱饰帽，生动而又不失稳重，神秘而又具象可观，代表着汉代犍为郡人"羽化升仙""骑鹿通天"的美好愿望和渴望生命永生的神仙思想。

唐、宋、明、清几个时代以乐器、法器和其他杂件为主。以唐代的海兽葡萄纹铜镜，宋代的葵花形铜镜和素面铜镜，明代的双鱼纹铜镜、嘉靖辛酉年铜镜和"二龙戏珠"纹铜镜，清代的连弧纹铜镜和柿蒂纹铜镜等为代表的铜镜，工艺精良，质地厚重，镜背铭文、图案丰富多样，是古代文化遗产中的瑰宝。两件铜鼓（分别来自宋代、清代）为西南少数民族的青铜打击乐器，曾被视为权力的重器和财富的象征，器形庞大，鼓身三段分明，上有四扁耳，鼓面均饰有太阳纹居于中心，光环纹饰从里向外有规律地分布，仿佛散发着神秘的光芒。清代狮钮三足铜熏炉，狮钮头侧向上仰，嘴巴张开似在咆哮，脚踏可灵活转动的镂空小球，腹部布满云雷纹，底部还有一圈蝉纹，各种纹饰繁复精美。

这批青铜文物种类丰富、器形流畅、纹饰优美，是宜宾地区文化特征的重要表现。器物大都是跟人们生活息息相关的实用器，既有做工精致、小巧玲珑的装饰品，也有线条流畅、坚实厚重的生活用具，还有纹饰优美、造型锋利的兵器，不同纹饰风格的铜镜制作精美，各种摆件造型栩栩如生，熏炉、造像造型迥异，同类型器物间也有细微的差异。这些无一不体现了该地区先民们对美的追求、勤劳和智慧，是一种文化的传承和延续，这对于了解和研究当时四川宜宾地区人民生产生活方式、社会经济发展水平以及与周边的交流融合都提供了第一手资料，具有重要价值。

表2-1 宜宾市博物院馆藏青铜文物保护修复信息表

序号	总登记号	文物名称	级别	数量（件）	来源	尺寸（厘米）	质量（克）	修复前状况
1	252	东汉铜钟	二级	1	旧藏	口径15.4，腹径28.0，底径20.5，高36.5	4900.0	锈蚀
2	420	宋葵花形铜镜	未定级	1	旧藏	长15.0，宽15.0，厚0.4	197.9	全面锈蚀，缺失近半
3	422	东汉铜釜	三级	1	旧藏	口径16.3，腹径20.0，高17.0	1250.5	腹部有一圈裂口，全面锈蚀
4	424	宋铜锣镲	三级	3	旧藏	直径37.0，厚20.0	5620.0	其中1件严重残破，破碎为7块，另2件基本完整
5	425	清代铜铃	未定级	2	旧藏	长3.9，宽3.9，高5.0	78.6	全面锈蚀
6	437	宋代铜镜	未定级	1	旧藏	直径24.0，厚1.5	496.0	锈蚀
7	438	清花卉纹铜盘	未定级	1	旧藏	口径19.0，底径12.0，高4.0	677.5	锈蚀
8	440	明"御制锦堂春词"铜香盘	三级	1	旧藏	长13.0，宽13.0	515.0	全面锈蚀，有污渍
9	444	民国铜灯盏	未定级	1	旧藏	长16.0，宽16.0，高34.0	845.0	锈蚀
10	445	民国铜灯盏	未定级	1	旧藏	通宽20.0，通长20.0，高42.0	928.0	锈蚀
11	453	民国铜碗	未定级	1	旧藏	口径11.3，底径5.0，高5.0	193.0	锈蚀
12	454	清连弧纹铜镜	未定级	1	旧藏	直径8.0，厚0.3	70.8	锈蚀
13	455	清代铜镜	未定级	1	旧藏	直径7.0，厚0.7	97.0	少量锈蚀
14	456	清柿蒂纹诗文铜镜	三级	1	旧藏	直径9.5，厚0.3	169.7	锈蚀
15	458	东汉铜銷	未定级	1	旧藏	残口径12.5，残高5.0	165.0	口沿至腹部残缺，严重锈蚀
16	459	清龙纹铜香炉	三级	1	旧藏	口径10.2，底径7.7，长12.5，宽11.0，高7.7	562.0	锈蚀
17	460	清铜印章盒	未定级	1	旧藏	长10.5，宽4.5，高3.0	226.0	轻微锈蚀

续表

序号	总登记号	文物名称	级别	数量（件）	来源	尺寸（厘米）	质量（克）	修复前状况
18	461	宋代铜灯盏	未定级	1	旧藏	长10.5，宽7.3，高6.5	181.0	高柄断裂缺失
19	462	明铜香炉	未定级	1	旧藏	口径7.0，腹径8.0，高4.5，底径5.0	113.0	锈蚀
20	464	明双马纹铜镜	未定级	1	旧藏	长12.0，宽12.0，厚1.0	350.0	少量残缺，裂隙，变形
21	465	清方格纹铜镜	未定级	1	旧藏	长10.0，宽10.0，厚1.0	121.0	锈蚀
22	472	清梅花纹铜胆瓶	未定级	1	旧藏	口径3.1，底径3.7，腹径5.8，高12.3	208.0	锈蚀
23	473	清代铜瓶	三级	1	旧藏	口径10.0，底径4.3，腹径6.0，高15.0	360.8	锈蚀
24	474	清喜上眉梢铜瓶	三级	2	旧藏	长8.5，宽7.0，高20.5	2600.0	锈蚀
25	475	清双喜铜烛台	未定级	1	旧藏	长9.0，宽6.5，高30.4	504.0	全面锈蚀
26	476	东汉仙人骑鹿铜像	三级	1	旧藏	长15.5，宽9.3，高9.8	544.4	全面锈蚀，鹿尾部有缺损
27	477	汉龙首衔环铜构件	未定级	1	旧藏	长19.7，宽8.1，高1.7	315.0	全面锈蚀，有磨损
28	478	明代铜镜	三级	1	旧藏	长7.8，宽7.8，厚1.0	195.0	全面锈蚀
29	479	明嘉靖辛酉年铜镜	三级	1	旧藏	边长7.5，厚0.8	219.0	锈蚀
30	480	明代铜镜	未定级	1	旧藏	直径8.5，厚0.8	154.5	锈蚀
31	481	明葵花形铜镜	未定级	1	旧藏	直径14.0，厚1.0	314.0	锈蚀
32	482	明三足龙纹铜熏炉	三级	1	旧藏	长11.8，宽10.0，高17.6	588.6	全面锈蚀，盖钮有缺损
33	483	汉代铜马刺	未定级	7	旧藏	长4.0，宽3.0，高4.0	200.0	锈蚀
34	484	东汉铜鍪	未定级	1	旧藏	口径19.5，腹径18.0，高9.0	478.0	腹部、底部严重残缺
35	485	宋龙柄铜匙	三级	1	旧藏	通长19.0，宽7.0，高6.0	146.4	全面锈蚀
36	486	汉铜镳斗	未定级	1	旧藏	长31.0，宽21.0，高11.0	1283.9	残缺、锈蚀严重
37	488	清三足葡萄纹铜熏炉	三级	1	旧藏	口径12.0，腹径15.5，高20.3	2960.0	锈蚀
38	489	清塔形铜熏炉	三级	1	旧藏	直径7.0，高18.0	349.5	锈蚀
39	490	清双耳龙纹铜炉	三级	1	旧藏	口径8.0，腹径20.0，底径4.8，高14.0	1626.0	锈蚀
40	491	清仿明铜宣德炉	未定级	1	旧藏	口径11.0，腹径13.0，高8.0	749.0	锈蚀

续表

序号	总登记号	文物名称	级别	数量（件）	来源	尺寸（厘米）	质量（克）	修复前状况
41	492	清狮钮三足铜熏炉	三级	1	旧藏	口径15.3，底宽16.0，高24.2	2680.0	锈蚀，狮尾部残缺小部分
42	493	清代铜鼎	三级	1	旧藏	长15.2，宽15.2，高20.2	2540.0	锈蚀，磨损
43	498	明万历十八年铜瓦	二级	1	旧藏	长25.0，宽17.0，通高5.3，厚0.1	333.0	锈蚀
44	499	明清铜瓦	三级	2	旧藏	长15.1，宽13.5，通高5.1，厚0.1；长15.3，宽17.2，通高6.8，厚0.1	824.0	锈蚀，磨损
45	500	清铜香炉	三级	1	旧藏	长23.0，宽23.0，高21.0	3360.0	全面锈蚀
46	501	清镂空梅花纹铜熏炉	三级	1	旧藏	长19.5，宽19.5，高20.0	2720.0	轻微锈蚀
47	505	清描金观音铜坐像	未定级	1	旧藏	长18.0，宽16.5，高29.5	3700.0	有磨损，有污渍
48	506	东汉铜镰斗	三级	1	旧藏	口径11.0，长20.5，宽14.6，高11.0	740.0	锈蚀，轻微磕伤
49	507	清铜手炉	未定级	1	旧藏	长18.0，宽15.0，提梁平放高10.5，提梁立起高14.0	903.0	盖有缺损，锈蚀严重
50	508	清关帝铜像	未定级	1	旧藏	长9.0，宽18.0，高27.0	3200.0	锈蚀，底部有损伤
51	510	东汉铜鉴	未定级	1	旧藏	口径26.5，底径15.0，腹径22.0	3140.0	口部有缺失，耳断裂，锈蚀
52	511	明双鱼纹铜盘	三级	1	旧藏	口径41.0，底径28.0，高7.9	3360.0	锈蚀
53	515	清代铜壶	三级	1	旧藏	长28.0，宽14.0，高20.5	1340.0	锈蚀
54	517	东汉铜洗	未定级	1	旧藏	口径21.5，底径13.5，腹径19.5，高9.2	700.0	腹部有缺失
55	518	汉代铜锅	三级	1	旧藏	口径21.7，高10.1	800.0	腹部有一破洞，锈蚀严重
56	520	东汉延平元年堂狼造作双鹭铜洗	一级	1	旧藏	口径38.0，底径22.5，高18.2	4090.0	多处破洞，锈蚀
57	521	明"吴明宇造"铜镜	三级	1	旧藏	镜面直径14.2，通长24.2，厚1.2	680.0	锈蚀，磨损
58	523	明"吴见明造"铜镜	三级	1	旧藏	直径15.5，厚1.5	1040.0	锈蚀，磨损
59	524	明"笪仰泉造"铜镜	三级	1	旧藏	直径11.0，厚1.0	320.0	磨损，划痕，锈蚀
60	527	汉双耳铜釜	三级	1	旧藏	口径22.3，腹径26.5，高20.0	2680.0	底部有裂缝，腹部、口部均有残缺，锈蚀严重

续表

序号	总登记号	文物名称	级别	数量（件）	来源	尺寸（厘米）	质量（克）	修复前状况
61	529	汉代铜鉴	三级	1	旧藏	口径25.8，底径13.5，高11.2	1660.0	颈部、腹部锈蚀，残缺
62	531	清铜鎏金鎏银战袍饰件	未定级	1（套）[①]	旧藏	最大者长14.7，宽11.2，最小者直径0.4	2300.0	有少数饰件挤压变形
63	532	汉双耳铜釜	三级	1	旧藏	口径22.3，腹径25.0，高20.3	3480.0	口沿有残缺，肩部有一小孔
64	534	东汉铜鐎斗	三级	1	旧藏	口径19.5，长32.5，高9.7	1120.0	腹部、底部有多处裂缝，残缺
65	535	清代铜灯	未定级	1	旧藏	通长28.0，通宽17.0，通高9.0	940.0	锈蚀严重，断裂成5块，灯盏变形
66	537	宋三足铜灯盏	三级	1	旧藏	长15.8，宽11.0，高7.0	388.0	锈蚀严重，柄部断裂
67	538	东汉铜鉴	三级	1	旧藏	口24.4，腹径25.4，底径13.5，高12.0	1280.0	锈蚀
68	542	东汉铜钟	三级	1	旧藏	口径13.0，底径15.0，腹径13.0，残高36.0	1860.0	口部断裂，腹部及底部有残缺
69	543	汉代铜釜	未定级	1	旧藏	口径32.0，腹径33.0，高25.0	5640.0	下腹部有残缺，底部和颈部、腹部有裂隙
70	577	清道光二十五年铜鼓	三级	1	旧藏	直径49.0，高26.0	18240.0	锈蚀，边缘有孔，有一耳残缺
71	902	明连弧纹铜镜	未定级	1	旧藏	长10.9，残宽6.2，厚0.6	140.0	断裂缺失一半，锈蚀，磕伤
72	903	明双鱼纹铜镜	三级	1	旧藏	直径15.6，厚1.1	750.0	锈蚀，镜面多划痕
73	904	明"二龙戏珠"纹铜镜	三级	1	旧藏	直径27.5，厚1.0	1880.0	严重锈蚀
74	908	汉铜带钩	三级	1	旧藏	长15.4，宽2.0，高3.0	75.2	锈蚀
75	910	清铜印盒	未定级	1	旧藏	长8.9，宽8.9，高2.8	211.2	锈蚀
76	931	清代铜爵	未定级	1	旧藏	长12.5，宽7.0，高14.0	360.0	锈蚀，口部有少量残缺
77	932	清双喜铜烛台	未定级	1	旧藏	长9.5，宽6.5，高24.0	460.0	锈蚀，顶尖断裂
78	935	清代铜磬	未定级	1	旧藏	口径17.0，高10.5	840.0	锈蚀严重
79	969	清铜鎏金度母像	三级	1	旧藏	通高48.0，底座宽14.5，厚12.0，佛像宽16.0，厚9.0，高39.8	5400.0	锈蚀严重
80	970	西汉铜蒜头壶	三级	1	旧藏	口径3.5，腹径22.0，底径13.5，高40.0	2480.0	严重矿化，腹部有残缺

---

① 由2754个饰件组成。

续表

序号	总登记号	文物名称	级别	数量（件）	来源	尺寸（厘米）	质量（克）	修复前状况
81	971	汉双耳铜釜	三级	1	旧藏	口径21.0，腹径24.0，高17.3	2000.0	锈蚀，腹部有少量残缺
82	972	战国铜剑	未定级	1	旧藏	残长30.4，宽3.5，厚1.0	247.1	剑柄、剑尖部分断裂，刃部有磕口，锈蚀
83	975	东汉环首铜刀	二级	1	旧藏	长61.0，宽6.5，厚0.6	760.0	锈蚀
84	980	战国铜矛	三级	1	旧藏	长22.5，宽2.7，高2.7	188.5	锈蚀，柄部有少量残缺及变形
85	981	清仿明铜宣德炉	未定级	1	旧藏	长16.3，宽15.2，高10.5	1460.0	锈蚀
86	983	清铜台案座	未定级	1	旧藏	长16.0，宽16.0，高48.0	1100.0	锈蚀
87	985	唐海兽葡萄纹铜镜	未定级	2	旧藏	直径13.0，厚1.0；直径19.0，厚1.0	906.3	锈蚀
88	986	宋葵花形带柄铜镜	三级	1	旧藏	长22.9，宽12.1，厚0.5	433.0	锈蚀
89	1022	近代人物铜坐像	未定级	1	拨交	长12.0，宽6.0，通高19.0	1344.5	座椅一角残缺，全面锈蚀
90	1031	东汉双耳铜壶	三级	1	拨交	口径8.4，底径15.5，高31.6	5000.0	锈蚀，底部有5个孔洞
91	1035	近代贴金铜像	三级	1	拨交	宽9.8，厚4.2，高15.7	435.0	锈蚀严重，金层大部分脱落
92	1051	东汉铜鉴	三级	1	宜宾市七九九厂发掘	口径24.0，腹径25.0，高11.5	1340.0	锈蚀严重
93	1052	东汉铜鉴	三级	1	宜宾市茶厂崖墓发掘	口径25.7，腹径26.0，高13.3	2000.0	锈蚀严重
94	1053	东汉双耳铜釜	三级	1	宜宾市茶厂崖墓发掘	口径25.5，腹径28.0，高21.8	2940.0	锈蚀严重
95	1214	东汉铜鉴	三级	1	拨交	口径24.7，腹径22.5，底径10.0，高13.5	1980.0	全面锈蚀，口沿有磕伤，圈足残缺
96	1464	宋代铜鼓	三级	1	旧藏	直径44.0，高28.0	10940.0	锈蚀，边缘有磕伤
97	1470	战国铜钺	三级	1	旧藏	长16.0，宽7.5，厚4.5	650.0	刃部有磕口，锈蚀
98	1471	战国铜钺	三级	1	旧藏	长8.5，宽6.5，厚2.7	200.0	刃、銎、端有磕口、划痕，锈蚀较重
99	1604	东汉双耳铜釜	三级	1	旧藏	口径17.0，腹径23.0，高13.0	1220.0	口部缺失一块
100	1777	清代铜碗	未定级	1	拨交	口径11.0，底径4.8，高4.5	128.3	锈蚀，有较长裂口

续表

序号	总登记号	文物名称	级别	数量（件）	来源	尺寸（厘米）	质量（克）	修复前状况
101	1985	东汉鎏金铜鉴	三级	1	2010年临港经济开发区螺丝坡出土	口径22.4，腹径20.5，高9.5	1040.0	锈蚀
102	1986	东汉铜鋗	三级	1	2010年临港经济开发区螺丝坡出土	口径21.8，高8.0	1100.0	腹部上有一残洞
103	1987	东汉铜鉴	三级	1	2010年临港经济开发区螺丝坡出土	口径23.0，底径11.5，高11.0	1200.0	铺首缺失一环
104	1988	东汉铜鋗	三级	1	2010年临港经济开发区螺丝坡出土	口径16.5，底径7.5，高6.0	380.0	腹部有残缺，锈蚀严重
105	1989	东汉铜钟	二级	1	2010年临港经济开发区螺丝坡出土	口径14.4，腹径29.5，底径19.8，高35.6	4320.0	轻微锈蚀
106	1990	东汉纪年铜洗	二级	1	2010年临港经济开发区螺丝坡出土	口径长43.4，残宽40.0，底径24.0，高21.2	4160.0	环缺失一只，口沿处有较大缺口，锈蚀，器身有裂纹
107	1991	东汉朱雀铜洗	二级	1	2010年临港经济开发区螺丝坡出土	口径36.0，高20.0，底径19.0	3680.0	全面锈蚀
108	1992	东汉双耳铜釜	三级	1	2010年临港经济开发区螺丝坡出土	口径25.0，腹径23.0，高20.0	2680.0	底部有少量残缺，锈蚀严重
109	1993	东汉铺首衔环铜甑	三级	1	2010年临港经济开发区螺丝坡出土	口径38.0，底径16.0，高22.0	2240.0	锈蚀，口沿有部分残缺
110	2063	东汉建初三年堂狼作双鱼纹铜洗	二级	1	拨交	口径44.0，底径32.5，残高3.0	4000.0	仅存口沿和底部，锈蚀、残损严重

续表

序号	总登记号	文物名称	级别	数量（件）	来源	尺寸（厘米）	质量（克）	修复前状况
111	2322	汉铜带钩	三级	1	旧藏	长11.7，宽1.8，高2.2	65.6	锈蚀
112	2377	明荷花纹带柄铜镜	三级	1	拨交	长26.4，宽15.4，厚0.7	886.7	表面污渍，描金磨损，头部断裂，有裂纹
113	2378	战国柳叶形铜剑	未定级	1	拨交	长43.5，通宽4.3，厚0.8	446.2	剑柄缺失部分，锈蚀
114	2379	战国饕餮纹铜矛	二级	1	旧藏	通长19.5，通宽3.0，通高2.5	165.7	叶锋有少量缺口，锈蚀
115	2413	东汉铜洗	三级	1	2004年庙儿山汉墓出土	口径24.0，底径14.0，高13.0	1040.0	锈蚀严重，腹部有少量残缺
116	2422	东汉铜剑残件	未定级	17	2004年庙儿山汉墓出土	长6.5~34.5，宽0.5~1.5，厚0.3	400.0	锈蚀
117	2507	东汉铜带钩	未定级	1	拨交	长9.0，宽1.2，高1.5	40.0	锈蚀
118	2739	东汉铜盆	三级	1	2004年庙儿山汉墓出土	口径32.2，高6.8	1340.0	锈蚀
119	2748	清鎏金铜佛像	未定级	1	旧藏	宽8.4，厚5.5，高13.4	288.7	锈蚀

第二节　文物保存环境调查

一、宜宾市自然及地域环境

宜宾市位于长江上游、四川盆地南缘的川、渝、滇、黔接合部，金沙江、岷江、长江汇流地带，地处北纬27°50′~29°16′与东经103°36′~105°21′之间。市境东西最大横距153.2千米，南北最大纵距150.4千米；全市地域面积13283平方千米，约占四川全省地域面积的2.73%。

宜宾市境位于四川盆地向云贵高原过渡地带的大斜面上，西为大小凉山余绪，南属云贵高原北坡，东北接四川盆地盆底丘陵，东南侧为盆东岭谷区，整体地势由西南向东北倾斜，形成西南高、东北低态势。市境最高点在屏山县老君山主峰，海拔2008.7米；最低点在江安县金山寺附近长江河谷，海拔236.8米，相对高差1771.9米。地貌以丘陵和低中山地为主，主要类型为山地、丘陵、平坝。其中，山地面积6189.3平方千米，约占全市总土地面积的46.6%；丘陵面积6017.3平方千米，约占45.3%；平坝面积1076.4平方千米，约占8.1%。

宜宾市地处东亚中纬度的四川盆地南部，属中亚热带湿润季风气候区，浅丘河谷地域兼有南亚热带气候属性，南部山区立体气候明显。整体特征是气候温和、雨量充沛、无霜期长、雨热同季、四季分明。各季节特征是春季回暖早，常有冷空气影响；夏季温湿高，雨量集中多暴雨；秋季迟、降温快、绵雨多、云雾多；冬季温和，霜雪少、云雾多。和同纬度的长江中下游地区相比，宜宾的四季分别具有春早、夏长、秋迟、冬短等特点。市境内四季热量丰足，年平均气温17.5℃左右；全年最热月7月平均气温26.5℃，最冷月1月平均气温7.5℃。市境年平均降雨总量1142.6毫米。年日照时数1073.7小时。宜宾属冬暖少雪区：海拔700米以上的西南山区，几乎每年有一次程度不同的降雪；600米以下浅丘、平坝降雪频率为年平均0.2次。宜宾市境无霜期年达335~355天。宜宾属全国小风区，主力风为西北风，东北和西北偏西风次之，各月平均风速1~2米/秒，全年静风率达40%~60%。春季强寒潮、夏季强对流的雷雨天气常伴有瞬时风速≥17米/秒，即8级大风，极大时可达12级左右。

宜宾市境内共有大小河流600多条，而流域面积在50平方千米以上河流有82条。其中，流域面积大于1000平方千米的7条，即金沙江、岷江、长江的宜宾段和南广河、长宁河、越溪河、西宁河；500~1000平方千米的4条，即箭板河、黄沙河、古宋河、宋江河。金沙江由西南向东，岷江从西北向东南在宜宾城区合江门汇合，长江从此向东横贯市境中部偏北流入泸州市境。其他河流以三江为主干，或由南向北，或由北向南呈不对称的南多北少分布。

环境常年高湿以及温度波动大是导致金属文物病害发生和发展的重要因素。因此，消除文物已有和潜在的病害，采用封护等保护措施为保护修复后的金属文物提供一个适当的保存环境以维持其稳定状态是势在必行的。

二、文物保存和展览环境

这批文物保护修复前大部分临时存放于宜宾市博物院老馆文物库房内，少量位于大观楼老展厅。

图2-3 宜宾市博物院老馆文物库房

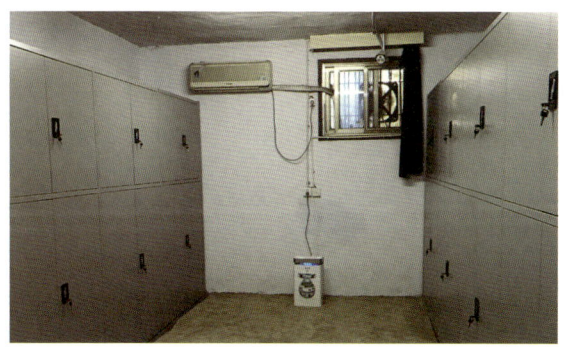

图2-4 老馆青铜文物库房

老馆文物库房位于真武山古建筑群内，因建筑本体条件制约，库房不密封且无空气净化系统。库房内虽装有空调，但并不是一天24小时不间断开放；库房内配有一台除湿机，可在一定程度上调节库房内湿度，避免库房湿度过大，但由于库房密封性不好，除湿机的作用有限。文物基本处于自然环境的存放状态，且文物直接放置于铁皮柜内，文物与铁皮柜直接接触，无任何隔离或缓冲措施。

2021年，宜宾市博物院新馆落成，新的文物库房和展厅使文物保存条件得到极大改善。利用机电式空气处理设备、照明设备、控制平台等，创造适合不同文物需要的温度、湿度、洁净空气、光线等适宜条件；同时采用特殊的湿度控制材料，减少环境波动所造成的影响，为文物提供最稳定的存放空间。这批文物在保护修复完成后，每件器物均配备了专业的无酸纸囊匣，并及时搬运至新的库房和展厅，基本处于一个相对稳定的状态。

图2-5　新馆金属文物库房

图2-6　新馆金属文物库房

第三节　病害调查与评估

一、病害评估与统计

2014年4月，由中华人民共和国国家文物局发布的《可移动文物病害评估技术规程 金属类文物》（WW/T 0058—2014）规定了可移动金属类文物病害评估程序、评估内容、评估方法以及评估报告的撰写格式。依据"不改变文物原状"与"最小干预"原则，优先采用直接观察法识别病害种类，对直接观察无法判定的病害，视文物的具体情况，进一步利用仪器设备采取无损或取样的分析方法判定、识别病害种类，重点确定具有活动性或可诱发性特点的病害。

直接观察是指将金属文物置于适当的光线条件下进行目视检查，观察有无残缺、断裂、裂隙、变形、层状堆积、孔洞、表面硬结物、矿化、点腐蚀和微生物损害等病害现象。对器物表面锈蚀产物特征（颜色、种类、致密程度、颗粒形状等），可进行显微镜观察、图像拍摄、测量和记录。

仪器分析包括无损分析和取样分析。无损分析是根据文物特点选择X射线透射和超声波探伤等仪器设备对文物上的残缺、断裂、裂隙和变形等病害进行无损检测。对不能通过直接观察及无损分析方法识别的病害,根据文物的具体情况可以选择一种或多种取样分析方法以识别病害,如X射线衍射分析、激光拉曼分析、显微红外分析和能谱分析等。

最后,根据病害识别与检测数据,区分并记录病害类型。宜宾市博物院这批青铜文物的典型病害类型统计和病害程度评估分别见表2-2和表2-3。

表2-2 馆藏青铜文物典型病害类型统计表

病害类型	残缺	断裂	裂隙	变形	层状堆积	表面硬结物	矿化
数量(件)	73	7	32	25	14	147	2

表2-3 馆藏青铜文物病害程度评估表

病害程度	轻度	中度	重度	濒危
数量(件)	51	43	39	14

二、典型病害类型

由中华人民共和国国家质量监督检验检疫总局和中国国家标准化管理委员会发布的《馆藏青铜质和铁质文物病害与图示》(GB/T 30686-2014)明确规定了馆藏青铜质和铁质文物病害的基本术语、病害及其图示。青铜质和铁质文物的病害是指因物理、化学及生物因素造成的腐蚀现象,具体在文物上常常是几种病害混杂在一起。从表现上看,青铜质和铁质文物病害有残缺、断裂、裂隙、变形、层状堆积、孔洞、表面硬结物、矿化、点腐蚀和微生物损害。宜宾市博物院这批青铜器的典型病害有以下几类:

(一)残缺

青铜文物受物理和化学作用导致的基体缺失。

图2-7 残缺(宋葵花形铜镜,文物编号:420)

图2-8 残缺(东汉纪年铜洗,文物编号:1990)

（二）断裂

青铜器由于应力作用或人为损伤，使器物丧失其连续性和完整性的现象。

图2-9　断裂（宋铜锣镲，文物编号：424）

图2-10　断裂（东汉铜洗，文物编号：517）

（三）裂隙

青铜文物表面或内部开裂形成的裂隙。

图2-11　裂隙（清代铜碗，文物编号：1777）

图2-12　裂隙
（东汉建初三年堂狼作双鱼纹铜洗，文物编号：2063）

（四）变形

青铜器因受外力作用导致形状发生改变。

图2-13 变形（清代铜灯，文物编号：535）

图2-14 变形（明代铜镜，文物编号：480）

（五）层状堆积

青铜器因发生层状腐蚀而导致其腐蚀产物分层堆积的现象。

图2-15 层状堆积（东汉鎏金铜鉴，文物编号：1985）　　图2-16 层状堆积（东汉铜铞，文物编号：1986）

（六）表面硬结物

青铜文物表面覆盖铭文和花纹的硬质覆盖层。

图2-17 表面硬结物
（明"二龙戏珠"纹铜镜，文物编号：904）

图2-18 表面硬结物（东汉铜鉴，文物编号：1214）

（七）矿化

青铜器保留原有表面，失去金属刚性的腐蚀现象。

图2-19　矿化（东汉铜销，文物编号：458）

图2-20　矿化

（西汉铜蒜头壶，文物编号：970）

这批青铜文物入藏后绝大多数未经过任何保护修复技术处理，加之库房条件较简陋，基本依靠自然大气环境调节，且文物存放密集、没有独立包装。一系列不利于青铜文物保存的条件引发了各种青铜文物常见病害，再加上入藏前文物原有病害的双重影响，如再不进行保护处理，这些病害很有可能继续发展、蔓延，加速文物的劣化，最终危及文物本体的存亡。因此，对这批青铜文物进行保护修复迫在眉睫。

第四节　检测分析研究

采用现代科技手段对文物进行无损、微损检测分析是文物保护学科学发展的趋势。在金属文物保护修复领域广泛使用的科学检测分析手段主要有超景深三维视频显微观察、X射线无损探伤、X射线衍射分析、X射线荧光能谱分析、扫描电镜能谱分析、激光拉曼光谱分析、红外光谱分析等。这些科技手段可以有效帮助我们更加全面地了解文物的基本信息，如文物表面微观形貌、内部结构及隐藏信息、锈蚀产物的成分、文物本体成分、腐蚀原因、冶炼铸造工艺、原料来源等，科学有效地指导保护修复工作的开展。

一、青铜器本体合金成分分析

由于这批青铜器属于珍贵文物，不方便在文物本体上进行破坏性取样，因此利用便携式的合金分析仪对文物本体开展无损分析检测。本实验使用的是美国Thermo Scientific Niton生产的XL3t 950型合金分析仪，在常见金属模式下进行检测。本次工作在7大类型共36件青铜器上选取了口沿、腹部、背部以及底部等具有代表性的部位，采用上述方法进行了检测，检测结果如表2-4所示。

表2-4 文物本体成分检测分析结果

序号	文物编号及名称	检测位置	主要元素含量（%）					
			Cu	Sn	Pb	Au	Zn	Fe
1	东汉铜鉴（文物编号：538）	口沿	9.325	65.335	12.945	<LOD	<LOD	6.488
		口沿	8.879	72.233	11.299	<LOD	<LOD	7.203
		口沿	10.058	71.321	12.89	<LOD	<LOD	5.269
		腹部	33.524	43.027	12.757	<LOD	<LOD	10.546
		腹部	21.614	57.14	11.402	<LOD	<LOD	9.053
		外底	30.656	38.64	11.346	<LOD	<LOD	9.508
		外底	31.986	46.334	12.384	<LOD	0.085	8.476
2	东汉铜钟（文物编号：542）	外腹部	30.516	32.875	32.966	<LOD	0.136	2.603
		外腹部	70.641	10.576	17.771	<LOD	0.405	
		外底部	35.018	29.296	29.408	<LOD	<LOD	4.927
3	汉代铜釜（文物编号：543）	外腹部	55.288	30.742	13.053	<LOD	<LOD	0.418
4	东汉铜锅（文物编号：458）	外底	48.729	18.536	9.607	<LOD	<LOD	5.696
		外腹部	55.589	17.235	24.241	<LOD	<LOD	0.29
5	东汉双耳铜釜（文物编号：1992）	外腹部	46.122	37.765	12.53	<LOD	<LOD	0.199
6	东汉铜鉴（文物编号：510）	外腹部	50.406	38.271	6.815	<LOD	<LOD	0.726
7	东汉延平元年堂狼造作双鹭铜洗（文物编号：520）	外腹部	44.797	31.753	20.559	<LOD	<LOD	1.666
8	东汉鎏金铜鉴（文物编号：1985）	内底部	22.45	11.041	44.294	11.731	0.175	0.446
		外底部	68.259	15.976	10.84	<LOD	<LOD	0.273
9	东汉建初三年堂狼作双鱼纹铜洗（文物编号：2063）	内底部	25.942	35.573	33.373	<LOD	<LOD	4.722

续表

序号	文物编号及名称	检测位置	主要元素含量（%）					
			Cu	Sn	Pb	Au	Zn	Fe
10	东汉朱雀铜洗（文物编号：1991）	口沿	89.728	5.303	4.196	<LOD	<LOD	0.593
		内底	36.782	29.177	31.147	<LOD	0.106	2.559
		内沿	30.773	30.884	32.544	<LOD	0.089	5.357
11	明双鱼纹铜盘（文物编号：511）	内底	62.237	15.119	21.008	<LOD	0.274	0.667
		外底	60.706	11.107	25.825	<LOD	0.227	0.535
12	东汉铜钟（文物编号：252）	外沿	71.199	18.924	6.954	<LOD	<LOD	1.636
13	东汉双耳铜壶（文物编号：1031）	左腹部	8.538	24.717	13.942	<LOD	0.067	42.761
		右腹部	12.354	21.363	11.627	<LOD	<LOD	48.126
		颈部	27.459	28.608	15.165	<LOD	<LOD	22.212
		底部	10.667	30.043	11.446	<LOD	<LOD	28.306
		外腹铺首处	6.357	16.843	5.468	<LOD	0.02	31.716
14	东汉铜盆（文物编号：2739）	外底部	58.19	5.193	29.104	<LOD	<LOD	1.398
		口沿	29.161	22.603	28.982	<LOD	0.353	0.913
		内底部	34.522	26.956	33.946	<LOD	0.106	0.181
15	汉代铜铙（文物编号：518）	外底锈蚀处	81.146	16.493	1.974	<LOD	<LOD	0.209
		外底正常处	86.593	10.92	1.61	<LOD	<LOD	0.604
16	东汉铜铙（文物编号：1988）	外腹部	37.442	45.339	16.418	<LOD	<LOD	0.569
17	清代铜碗（文物编号：1777）	外腹部	62.487	0.887	2.816	<LOD	32.003	1.172
		外腹部	80.566	4.717	3.176	<LOD	9.373	1.121
18	民国铜碗（文物编号：453）	外腹部	81.443	4.027	2.276	<LOD	10.202	1.131
19	清花卉纹铜盘（文物编号：438）	内底部	62.61	1.028	2.32	<LOD	29.525	0.473
		外沿	68.373	0.532	3.272	<LOD	27.165	0.479
20	东汉环首铜刀（文物编号：975）	把手	60.198	20.544	15.103	<LOD	<LOD	0.068
		腹部	39.643	37.389	16.418	<LOD	<LOD	<LOD

续表

序号	文物编号及名称	检测位置	主要元素含量（%）					
			Cu	Sn	Pb	Au	Zn	Fe
21	战国铜钺（文物编号：1471）	正面	51.572	45.84	0.952	<LOD	<LOD	1.178
		背面	79.134	19.248	0.493	<LOD	<LOD	0.853
22	明"吴见明造"铜镜（文物编号：523）	正面	83.386	0.104	14.059	0.303	0.79	1.2
		反面	70.074	0.028	9.141	0.366	0.776	0.943
23	明"吴明宇造"铜镜（文物编号：521）	正面	57.157	16.018	22.291	<LOD	0.746	1.211
		反面	61.668	13.626	22.119	<LOD	1.023	<LOD
		柄部	49.18	13.231	25.134	<LOD	0.894	1.102
24	明连弧纹铜镜（文物编号：902）	背面	34.926	49.495	5.052	<LOD	0.41	0.669
		正面	32.393	56.936	6.283	<LOD	0.451	0.665
25	明"二龙戏珠"纹铜镜（文物编号：904）	正面	50.08	0.036	1.528	<LOD	40.465	3.394
		背面	41.109	<LOD	1.516	<LOD	47.63	4.243
26	清铜鎏金度母像（文物编号：969）	背部	20.571	0.065	0.427	77.093	1.189	0.139
		大腿背部	44.106	0.052	0.392	54.296	0.902	<LOD
		底座背部	96.852	<LOD	0.064	2.652	0.223	0.116
		底部	92.33	<LOD	0.036	<LOD	0.223	0.062
27	清铜鎏金鎏银战袍饰件（文物编号：531）	盾牌	96.81	<LOD	0.687	<LOD	0.135	0.025
		软甲铜零件	50.8	<LOD	0.566	<LOD	36.47	0.118
		大梯形饰件	76.85	0.08	0.493	<LOD	14.53	0.13
		大龙纹饰件	67.17	<LOD	1.88	<LOD	30.37	0.118
		鱼形饰件	69.3	0.086	0.241	13.82	16.38	0.121
		刀形饰件	72.74	0.071	0.308	9.06	17.65	0.109
		塔形饰件	20.93	0.065	0.51	66.01	11.57	0.231
		杂项饰件	38.85	<LOD	0.31	41.11	19.24	0.422
		弧形饰件	73.65	<LOD	0.117	<LOD	26.11	0.078

续表

序号	文物编号及名称	检测位置	主要元素含量（%）					
			Cu	Sn	Pb	Au	Zn	Fe
28	清描金观音铜坐像（文物编号：505）	背部	78.434	11.287	10.016	<LOD	0.069	0.133
		右臂	72.617	10.753	7.45	8.326	0.429	0.172
		前座	66.673	13.712	8.791	9.291	0.581	0.452
		背部	23.858	12.565	60.629	<LOD	0.466	0.346
		底座	5.468	4.086	24.241	0.247	0.162	0.142
29	清镂空梅花纹铜熏炉（文物编号：501）	侧面纹饰	7.22	<LOD	0.135	<LOD	83.013	0.651
		侧面纹饰	13.924	<LOD	0.121	<LOD	82.012	0.314
		侧面纹饰	3.447	<LOD	0.119	<LOD	94.395	0.245
		外底部	76.895	<LOD	0.498	<LOD	21.107	1.338
		底座	2.602	<LOD	0.174	<LOD	93.475	0.935
		外底部	78.866	<LOD	0.532	<LOD	19.444	1.126
		支座	3.989	<LOD	0.066	<LOD	82.883	0.227
30	清仿明铜宣德炉（文物编号：491）	外底	66.913	0.389	3.523	<LOD	27.783	0.929
		外腹部	69.525	0.393	3.563	<LOD	25.16	1.036
31	清仿明铜宣德炉（文物编号：981）	外侧	61.538	0.968	3.645	<LOD	31.296	1.322
		外底部	61.724	0.895	4.103	<LOD	30.9	1.29
32	清双喜铜烛台（文物编号：475）	底座	63.353	1.099	5.126	<LOD	27.637	1.392
		外沿	64.511	0.845	6.387	<LOD	26.184	1.062
		外沿	62.555	0.781	6.082	<LOD	28.551	1.025
		外沿	63.382	0.789	5.849	<LOD	28.054	0.991
33	清铜手炉（文物编号：507）	侧面	58.022	0.242	1.405	<LOD	29.356	1.353
34	清代铜壶（文物编号：515）	腹部	83.973	0.125	0.34	<LOD	1.776	0.425
		底部	71.522	0.124	0.267	<LOD	1.76	1.651
		顶部	91.086	0.212	0.552	<LOD	2.682	0.397
35	清代铜磬（文物编号：935）	外底	99.568	<LOD	0.04	<LOD	<LOD	0.369
		外底	99.61	<LOD	0.043	<LOD	<LOD	0.277
		外沿	99.361	<LOD	0.051	<LOD	<LOD	0.2

续表

序号	文物编号及名称	检测位置	主要元素含量（%）					
			Cu	Sn	Pb	Au	Zn	Fe
36	民国铜灯盏 （文物编号：444）	杆部	92.538	<LOD	0.072	<LOD	0.109	0.057
		底座	91.693	<LOD	0.051	<LOD	<LOD	0.036

从检测结果可以得知：这批青铜器中汉代、明代的器物主要是由铜锡铅三元合金铸造而成。明代器物的铜元素的含量较高，且多含有少量锌元素，其中有一件明"二龙戏珠"纹铜镜（文物编号：904）锌含量超过40%，而明连弧纹铜镜（文物编号：902）则有超高的锡含量，高达56.936%。清代器物主要由铜元素或铜锌合金组成。铜锌合金是一种金黄色的记忆合金，俗称黄铜。民国铜碗主要成分是铜，还含有少量的锡、铅元素，这与清代铜碗的元素含量基本相近；民国铜灯盏（文物编号：444）的铜含量则高达92.538%。

根据资料记录，这批汉代的器物基本都是在宜宾临港经济开发区螺丝坡发掘出土，埋藏环境大致相当，锡、铅含量没有明显的规律，因此不同器物锡、铅含量相差较大应该跟铸造材料和工艺有关，但也不排除埋存墓葬小环境差异的影响。

此外，还有一件东汉双耳铜壶（文物编号：1031）虽器身呈铁锈色似铁器，经检测多个部位发现与常规铁器元素含量完全不同，本体材质主要是铜锡铅三元合金。据推测，高含量铁元素存在的原因很可能是长期浸泡于含铁的环境中，铁元素已通过表面缝隙等渗入胎体内部。清花卉纹铜盘（文物编号：438）同样与铁器颜色相近，但经检测其铁含量较低，主要组成元素是铜锌合金，是青铜器而非铁器。清代铜壶（文物编号：515）的锡含量非常低，主要组成元素是铜，因此其名称非锡壶而是铜壶。

二、锈蚀产物检测分析

为清楚了解这批青铜器锈蚀产物特征，明确锈蚀产物类型，我们对典型锈蚀产物样品利用超景深三维视频显微镜、扫描电子显微镜/能谱仪和X射线荧光能谱仪进行了形貌观察和元素分析，同时利用拉曼光谱仪、X射线衍射仪等研究其组成结构特点。

（一）仪器及测试条件

超景深三维视频显微镜：采用日本基恩士 VHX-5000 超景深三维立体数码显微镜，在不同的放大倍数下系统地对样品进行显微观察。

扫描电子显微镜/能谱仪（SEM&EDS）：采用FEI公司生产的Quanta200环境扫描电子显微镜

及其装备的EDAX能谱仪，对样品元素组成进行检测分析，测试条件为高真空模式5×10^{-3}Pa以下，加速电压20千伏。

X射线荧光能谱仪（XRF）：采用EDAX ORBIS微束X射线荧光能谱仪，分析样品的主要元素组成，测试光斑300微米，测试时间300秒，电流500微安，电压30千伏。

拉曼光谱仪（Raman）：采用英国雷尼绍inVia Reflex 激光显微共聚焦拉曼光谱仪，分析样品的锈蚀成分。检测条件为532纳米和785纳米激光器，光斑尺寸1毫米，光谱测试范围100~2000cm^{-1}和100~4000cm^{-1}，曝光时间10秒，累计次数1~6次。

X射线衍射分析（XRD）：利用全自动X射线衍射仪D/Max-3CX射线衍射仪对样品进行物相检测，衍射角扫描范围为5°至80°，工作电压和电流分别为40千伏和30毫安，扫描速度为每分钟9.23°，步宽0.02°，连续扫描。

（二）样品清单

本次工作在18件待修青铜器上采取了19个典型的锈蚀产物样品，包含多个疑似有害锈，样品清单见表2-5，采用上述方法进行了检测分析，以明确锈蚀产物的元素组成和物相类别。

表2-5　锈蚀样品清单汇总表

序号	文物名称	文物编号	颜色状态	取样部位	测试项目
1	汉代铜釜	543	浅绿色锈蚀		XRF+Raman
2	东汉纪年铜洗	1990	浅绿色锈蚀		XRF+Raman
3	宋代铜灯盏	461	浅绿色粉状锈		XRF+Raman
4	清喜上眉梢铜瓶	474	浅绿色粉状锈		XRF+Raman

续表

序号	文物名称	文物编号	颜色状态	取样部位	测试项目
5	清关帝铜像	508	浅绿色粉状锈		XRF+Raman
6	清梅花纹铜胆瓶	472	黑色附着物		XRF+Raman
7	清代铜瓿	473	黑色附着物		XRF
8	明"二龙戏珠"纹铜镜	904	黑色附着物		XRF
			白色附着物		XRF
9	明清铜瓦	499	白色附着物		XRF
10	汉双耳铜釜	527	浅绿色锈蚀		SEM&EDS +XRD

续表

序号	文物名称	文物编号	颜色状态	取样部位	测试项目
11	汉代铜鉴	529	浅绿色锈蚀		SEM&EDS +XRD
12	东汉铜鉴	1051	浅绿色锈蚀		SEM&EDS +XRD
13	东汉铜洗	517	浅绿色锈蚀		SEM&EDS +XRD
14	汉铜镰斗	486	浅绿色锈蚀		SEM&EDS +XRD
15	东汉铜鉴	510	浅绿色锈蚀		SEM&EDS +XRD
16	东汉双耳铜釜	1604	浅绿色锈蚀		SEM&EDS +XRD
17	东汉铜洗	2413	浅绿色锈蚀		SEM&EDS +XRD

续表

序号	文物名称	文物编号	颜色状态	取样部位	测试项目
18	汉代铜铜	518	浅绿色锈蚀		SEM&EDS +XRD

（三）检测结果

以上样品的分析检测由重庆市文物考古研究院联合陕西师范大学和重庆师范大学共同完成，充分利用多方的优势资源开展相关工作。对其中一部分样品采用X射线荧光能谱仪（XRF）和激光显微共聚焦拉曼光谱仪（Raman）进行元素和物相分析，另一部分样品的元素和物相组成分析则利用扫描电子显微镜/能谱仪（SEM&EDS）和X射线衍射仪（XRD）完成，并对所有检测结果汇总，分别见表2-6和表2-7。

从表2-6青铜器锈蚀样品的XRF分析结果可以得知，这批青铜器锈蚀样品的主要铜元素含量为1.75%~76.84%不等，除汉代铜釜（文物编号：543）含有较高的锡元素（53.83%）和铅元素（14.71%）外，其余样品的锡铅含量均很少甚至未检测到，其他如Fe、Si、Ca、K、Al等元素可能来源于土壤或者降尘。在8个样品中发现了10.14%~19.12%的S元素，主要来源于表面黑色的沉积物，说明其埋藏环境或保存环境中富含硫元素。在4个样品中发现了0.37%~6.58%的Cl元素，因此保护修复过程中需关注"有害锈"的处理。Raman分析结果显示，这几件样品的锈蚀产物除了铜锡铅的氧化物孔雀石[$Cu_2(OH)_2CO_3$]、赤铜矿（Cu_2O）、蓝铜矿[$Cu_3(CO_3)_2(OH)_2$]、块铜矾[$Cu_3(SO_4)(OH)_4$]、锡石（SnO_2）、白铅矿（$PbCO_3$）、硫酸铅（$PbSO_4$）和铅黄（PbO）外，还含有少量的赤铁矿（Fe_2O_3）、锐钛矿（TiO_2）、石英（SiO_2）和石膏（$CaSO_4·2H_2O$）。

表2-7青铜器锈蚀样品的SEM&EDS元素含量数据显示，锈蚀样品含有9.09%~54.54%Cu元素，除东汉铜鉴（文物编号：510）含有较高的Sn元素（13.37%）和Pb元素（11.76%），东汉铜洗（文物编号：2413）含有较高的Sn元素（12.64%）外，其余样品的锡铅含量均很少甚至未检测到，表明锈蚀主要是铜的锈蚀产物。其他如Mg、Al、Ca、Si等元素则可能来源于土壤或者是降尘。在5件锈蚀样品中发现了0.17%~12.96%的Cl元素，XRD检测分析出有氯铜矿[$Cu_2(OH)_3Cl$]和斜氯铜矿[$Cu_2(OH)_3Cl$]存在，显示这批青铜器存在"有害锈"，必须引起足够重视。

此外，XRD结果显示锈蚀产物中还主要有孔雀石[$Cu_2(OH)_2CO_3$]、蓝铜矿[$Cu_3(CO_3)_2(OH)_2$]、赤铜矿（Cu_2O）、钠长石（$NaAlSi_3O_8$）、石英（SiO_2）和白铅矿（$PbCO_3$）。

表2-6 青铜器锈蚀样品XRF+Raman分析结果

序号	编号	文物名称	XRF（Wt%）														Raman结果
			Cu	Sn	Pb	Fe	Zn	Cl	S	P	Ti	As	Ca	K	Al	Si	
1	543	汉代铜釜	19.94	53.86	14.71	0.08	/	/	/	/	/	1.27	4.71	/	1.04	3.62	孔雀石[$Cu_2(OH)_2CO_3$]、赤铜矿(Cu_2O)、锡石(SnO_2)
2	1990	东汉纪年铜洗	76.84	0.13	2	1.11	/	/	/	/	/	/	0.24	0.61	5.84	12.36	孔雀石[$Cu_2(OH)_2CO_3$]、石英(SiO_2)、锐钛矿(TiO_2)
3	461	宋代铜灯盏	49.07	2.98	2.76	2.36	/	/	15.72	/	0.44	0.17	0.93	1.58	5.7	18.3	块铜矾[$Cu_3(SO_4)(OH)_4$]、赤铜矿(Cu_2O)
4	474	清喜上眉梢铜瓶	65.16	0.44	2.28	0.98	0.75	0.76	17.96	/	0.13	0.23	1.53	0.56	5.1	4.12	块铜矾[$Cu_3(SO_4)(OH)_4$]、石膏($CaSO_4·2H_2O$)
5	508	清关帝铜像	64.67	0.99	7.77	1.16	/	/	19.12	/	0.04	0.41	0.69	0.32	3.6	1.21	块铜矾[$Cu_3(SO_4)(OH)_4$]、赤铁矿(Fe_2O_3)、铅黄(PbO)
6	472	清梅花纹铜胆瓶	19.48	/	0.59	1.36	49.25	/	14.81	/	0.19	/	2.36	0.88	5.55	5.52	块铜矾[$Cu_3(SO_4)(OH)_4$]、硫酸铝白铝矿
7	473	清代铜觚	12.26	0.06	0.27	1.78	52.59	/	14.69	0.7	0.28	/	4.03	1.1	5.11	7.15	块铜矾[$Cu_3(SO_4)(OH)_4$]、石膏($CaSO_4·2H_2O$)
8	904	明"二龙戏珠"纹铜镜	16.4	/	0.84	4.06	38.36	2.79	11.99	1.22	0.62	/	7.76	1.81	4.69	9.45	/
			2.98	/	0.35	3.64	68.28	6.58	10.14	0.41	0.07	/	0.95	0.64	4.41	1.54	/
9	499	明清铜瓦	1.75	/	0.18	1.26	68.81	0.37	15.36	0.55	0.09	/	2.27	0.61	5.7	3.03	/

表2-7 青铜器锈蚀样品SEM&EDS+XRD分析结果

序号	样品编号	文物名称	SEM & EDS（Wt%）												XRD结果
			C	O	Mg	Al	Si	Pb	Cl	K	Ca	S	Fe	Cu	Sn	
1	527	汉双耳铜釜	7.84	30.4	0.62	4.11	7.12	0.63	/	1.23	0.69	/	2.58	44.79	/	孔雀石[$Cu_2(OH)_2CO_3$]、蓝铜矿[$Cu_3(CO_3)_2(OH)_2$]、石英(SiO_2)
2	529	汉代铜鉴	7.82	32.74	/	1.29	2.31	3.46	0.17	0.43	1.01	/	0.77	49.99	/	孔雀石[$Cu_2(OH)_2CO_3$]、蓝铜矿[$Cu_3(CO_3)_2(OH)_2$]、赤铜矿(Cu_2O)、石英(SiO_2)
3	1051	东汉铜鉴	5.3	41	1.23	10.22	16.3	/	0.49	2.48	0.67	/	4.82	15.96	/	孔雀石[$Cu_2(OH)_2CO_3$]、赤铜矿(Cu_2O)、氯铜矿[$Cu_2(OH)_3Cl$]、石英(SiO_2)
4	517	东汉铜洗	5.86	36.59	0.78	5.57	10.61	/	/	1.29	1.01	5.4	3.09	29.8	/	孔雀石[$Cu_2(OH)_2CO_3$]、蓝铜矿[$Cu_3(CO_3)_2(OH)_2$]、钠长石($NaAlSi_3O_8$)
5	486	汉铜镌斗	14.52	32.11	/	2.12	3.55	/	/	0.52	1.76	4.18	1.47	38.47	1.29	蓝铜矿[$Cu_3(CO_3)_2(OH)_2$]、石英(SiO_2)
6	510	东汉铜釜	2.86	17.03	/	0.43	0.61	11.76	8.46	/	1.76	/	0.57	44.92	13.37	斜氯铜矿[$Cu_2(OH)_3Cl$]、硫酸铅($PbSO_4$)
7	1604	东汉双耳铜釜	6.93	28.75	/	0.57	0.33	/	0.23	/	1.81	10.33	0.81	47.68	2.81	孔雀石[$Cu_2(OH)_2CO_3$]、蓝铜矿[$Cu_3(CO_3)_2(OH)_2$]、斜氯铜矿[$Cu_2(OH)_3Cl$]、钠长石($NaAlSi_3O_8$)、石英(SiO_2)、白铅矿($PbCO_3$)
8	2413	东汉铜洗	5.15	39.62	1.41	5.82	19.46	2.29	/	/	0.76	/	3.76	9.09	12.64	孔雀石[$Cu_2(OH)_2CO_3$]、石英(SiO_2)
9	518	汉代铜锅	2.7	20.38	0.28	0.61	1.06	2.58	12.96	/	0.48	/	/	54.54	4.41	蓝铜矿[$Cu_3(CO_3)_2(OH)_2$]、斜氯铜矿[$Cu_2(OH)_3Cl$]

（四）单件器物的分析检测结果

1. 汉代铜釜（文物编号：543）

表2-8　543号样品XRF检测数据

Element	Cu	Sn	Pb	Fe	P	As	Ca	Al	Si
Wt%	19.94	53.86	14.71	0.08	0.77	1.27	4.71	1.04	3.62

样品543的元素含量数据显示样品含有19.94%Cu、53.86%Sn、14.71%Pb、0.08%Fe、0.77%P、1.27%As、4.71%Ca、1.04%Al和3.62%Si。Sn、Pb、Cu和As来自青铜基体，Ca、Si、Al和P等元素可能来自埋藏环境。

拉曼检测到孔雀石[$Cu_2(OH)_2CO_3$]、赤铜矿（Cu_2O）和锡石（SnO_2），可知该青铜器的腐蚀产物主要为孔雀石、赤铜矿和锡石。

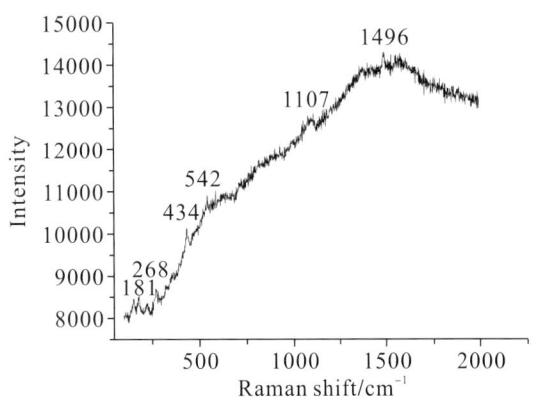

图2-21　543-孔雀石的拉曼图谱

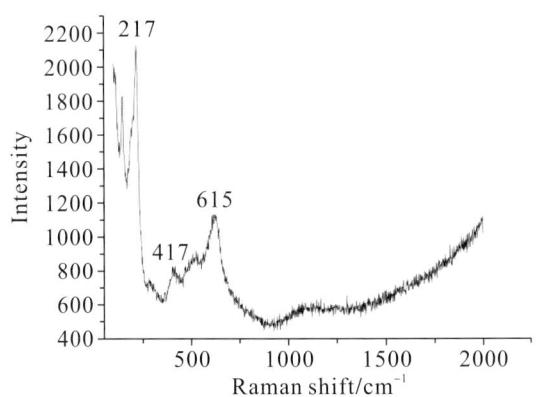

图2-22　543-赤铜矿的拉曼图谱

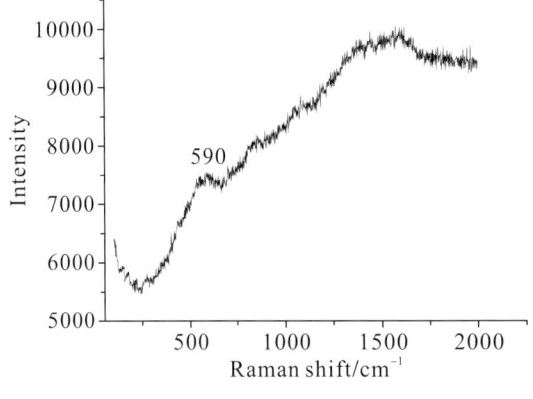

图2-23　543-锡石的拉曼图谱

2. 东汉纪年铜洗（文物编号：1990）

表2-9　1990号样品XRF检测数据

Element	Cu	Sn	Pb	Fe	P	Ti	As	Ca	K	Al	Si
Wt%	76.84	0.13	2	1.11	0.61	0.15	0.11	0.24	0.61	5.84	12.36

样品1990的元素含量数据显示样品含有76.84%Cu、0.13%Sn、2%Pb、1.11%Fe、0.61%P、0.15%Ti、0.11%As、0.24%Ca、0.61%K、5.84%Al和12.36%Si。

拉曼检测到孔雀石［$Cu_2(OH)_2CO_3$］、锐钛矿（TiO_2）和石英（SiO_2）。腐蚀产物主要为铜的腐蚀产物孔雀石。

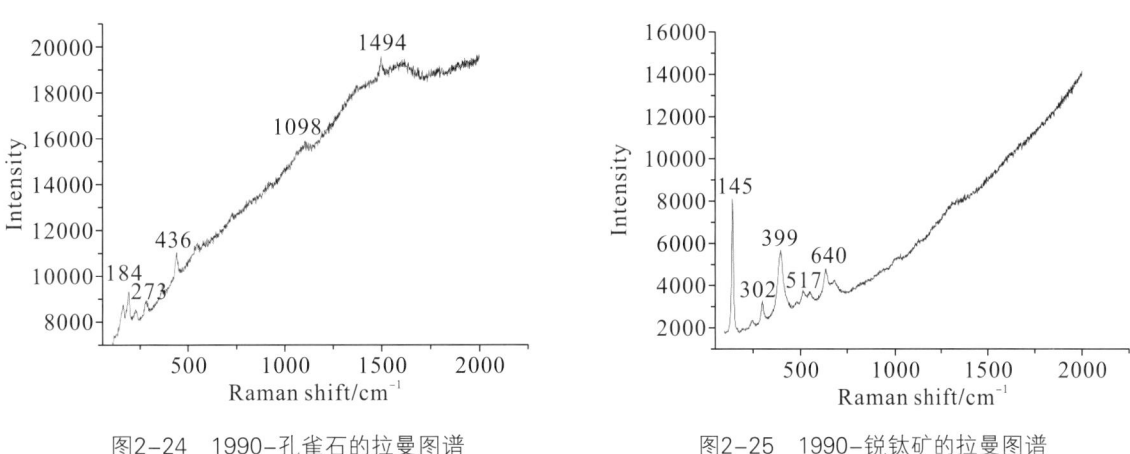

图2-24　1990-孔雀石的拉曼图谱　　　　　图2-25　1990-锐钛矿的拉曼图谱

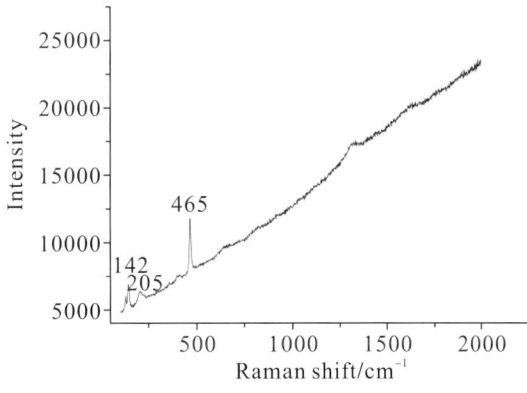

图2-26　1990-石英的拉曼图谱

3. 宋代铜灯盏（文物编号：461）

表2-10　461号样品XRF检测数据

Element	Cu	Sn	Pb	Fe	S	Ti	As	Ca	K	Al	Si
Wt%	49.07	2.98	2.76	2.36	15.72	0.44	0.17	0.93	1.58	5.7	18.3

样品461的元素含量数据显示样品含有49.07%Cu、2.98%Sn、2.76%Pb、2.36%Fe、15.72%S、0.44%Ti、0.17%As、0.93%Ca、1.58%K、5.7%Al和18.3%Si。

拉曼检测到块铜矾［$Cu_3(SO_4)(OH)_4$］和赤铜矿（Cu_2O）。该样品含有较高的硫元素，含量约15.72%，与其腐蚀产物块铜矾相对应，说明其埋藏环境或保存环境中富含硫元素。

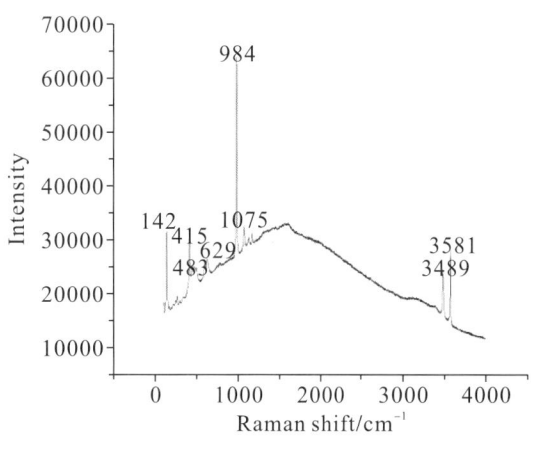

图2-27　461-块铜矾的拉曼图谱

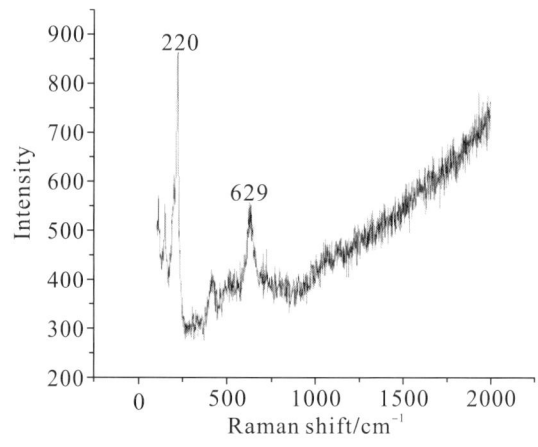

图2-28　461-赤铜矿的拉曼图谱

4. 清喜上眉梢铜瓶（文物编号：474）

表2-11　474号样品XRF检测数据

Element	Cu	Sn	Pb	Fe	Zn	Cl	S	Ti	As	Ca	K	Al	Si
Wt%	65.16	0.44	2.28	0.98	0.75	0.76	17.96	0.13	0.23	1.53	0.56	5.1	4.12

样品474的元素含量数据显示样品含有65.16%Cu、0.44%Sn、2.28%Pb、0.98%Fe、0.75%Zn、0.76%Cl、17.96%S、0.13%Ti、0.23%As、1.53%Ca、0.56%K、5.1%Al和4.12%Si。

拉曼检测到块铜矾［$Cu_3(SO_4)(OH)_4$］和石膏（$CaSO_4 \cdot 2H_2O$）。

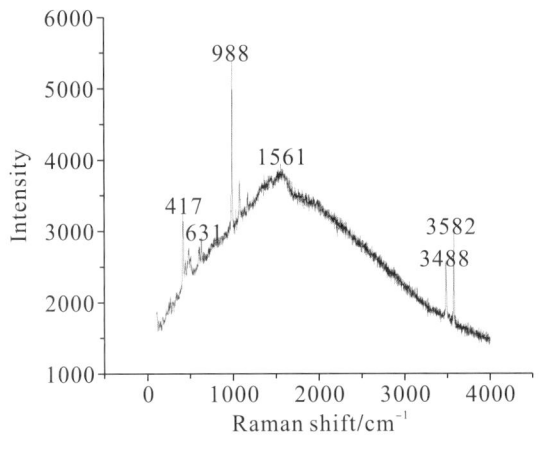
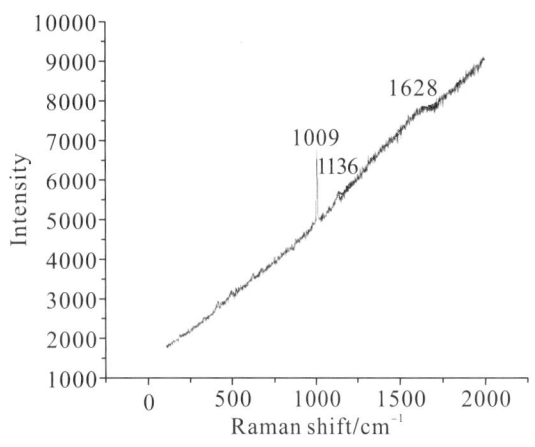

图2-29 474-块铜矾的拉曼图谱　　　　　　　　图2-30 474-石膏的拉曼图谱

5. 清关帝铜像（文物编号：508）

表2-12 508号样品XRF检测数据

Element	Cu	Sn	Pb	Fe	S	Ti	As	Ca	K	Al	Si
Wt%	64.67	0.99	7.77	1.16	19.12	0.04	0.41	0.69	0.32	3.6	1.21

样品508的元素含量数据显示样品含有64.67%Cu、0.99%Sn、7.77%Pb、1.16%Fe、19.12%S、0.04%Ti、0.41%As、0.69%Ca、0.32%K、3.6%Al和1.21%Si。

拉曼检测到块铜矾[$Cu_3(SO_4)(OH)_4$]、赤铁矿（Fe_2O_3）、硫酸铅（$PbSO_4$）、白铅矿（$PbCO_3$）和铅黄（PbO）。该样品检测到了铜的硫酸盐块铜矾和铅的硫酸盐硫酸铅，且硫元素含量达19.12%，说明其埋藏环境或保存环境中富含硫元素。

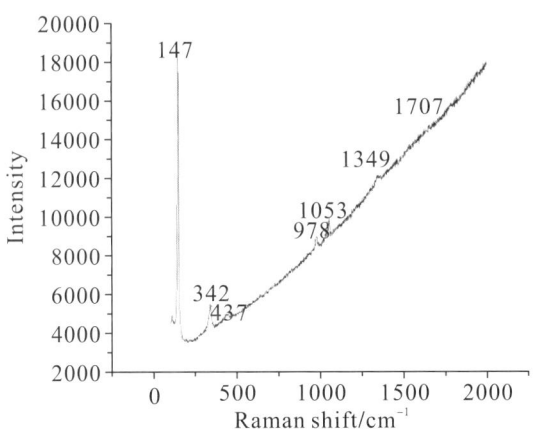
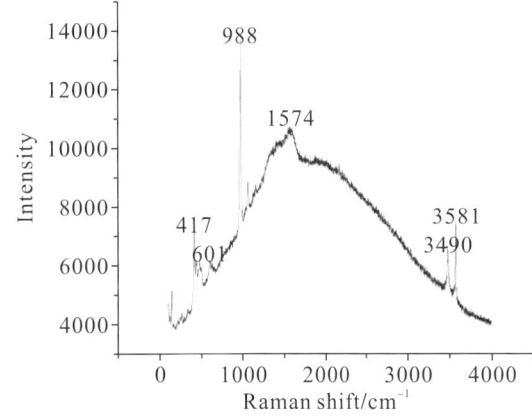

图2-31 508-铅黄-白铅矿-硫酸铅的拉曼图谱　　　图2-32 508-块铜矾的拉曼图谱

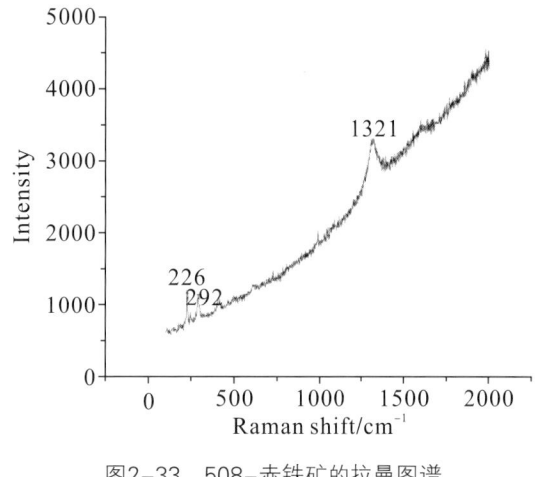

图2-33 508-赤铁矿的拉曼图谱

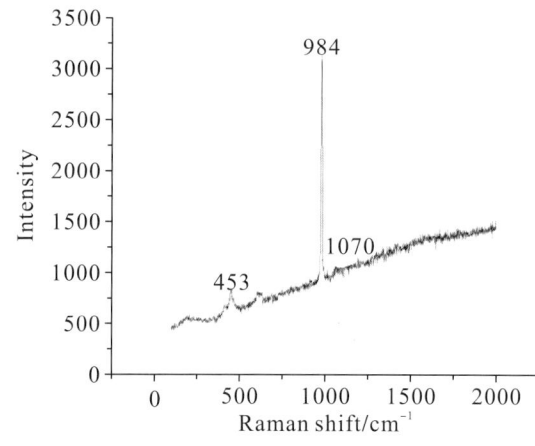

图2-34 508-硫酸铅的拉曼图谱

6. 清梅花纹铜胆瓶（文物编号：472）

表2-13 472号样品XRF检测数据

Element	Cu	Pb	Fe	Zn	S	Ti	Ca	K	Al	Si
Wt%	19.48	0.59	1.36	49.25	14.81	0.19	2.36	0.88	5.55	5.52

样品472元素含量数据显示样品含有19.48%Cu、0.59%Pb、1.36%Fe、49.25%Zn、14.81%S、0.19%Ti、2.36%Ca、0.88%K、5.55%Al和5.52%Si。

拉曼检测到块铜矾 [$Cu_3(SO_4)(OH)_4$] 和石膏（$CaSO_4 \cdot 2H_2O$）。

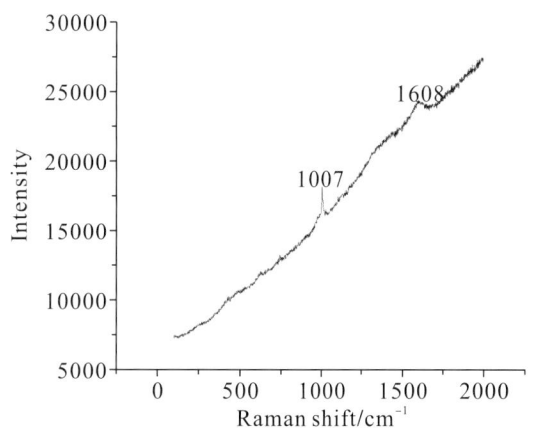

图2-35 472-石膏的拉曼图谱

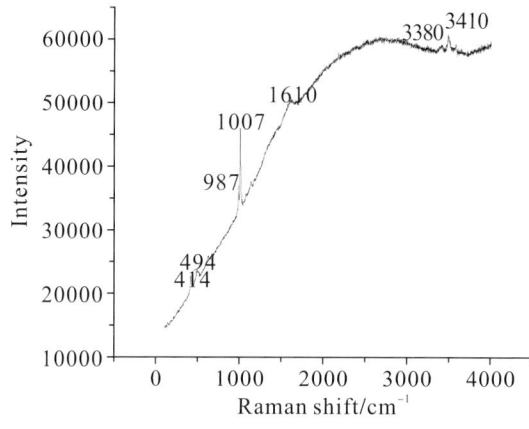

图2-36 472-块铜矾-石膏的拉曼图谱

7. 清代铜觚（文物编号：473）

表2-14 473号样品XRF检测数据

Element	Cu	Sn	Pb	Fe	Zn	S	P	Ti	Ca	K	Al	Si
Wt%	12.26	0.06	0.27	1.78	52.59	14.69	0.7	0.28	4.03	1.1	5.11	7.15

样品473元素含量数据显示样品含有12.26%Cu、0.06%Sn、0.27%Pb、1.78%Fe、52.59%Zn、14.69%S、0.7%P、0.28%Ti、4.03%Ca、1.1%K、5.11%Al和7.15%Si。

8. 明"二龙戏珠"纹铜镜（文物编号：904）

表2-15 904号样品XRF检测数据

Number	Element	Cu	Pb	Fe	Zn	Cl	S	P	Ti	Ca	K	Al	Si
①	Wt%	16.4	0.84	4.06	38.36	2.79	11.99	1.22	0.62	7.76	1.81	4.69	9.45
②		2.98	0.35	3.64	68.28	6.58	10.14	0.41	0.07	0.95	0.64	4.41	1.54

样品904元素含量数据①是黑色有机烟渍样品，显示样品含有16.4%Cu、0.84%Pb、4.06%Fe、38.36%Zn、2.79%Cl、11.99%S、1.22%P、0.62%Ti、7.76%Ca、1.81%K、4.69%Al和9.45%Si；②是白色样品，显示样品含有2.98%Cu、0.35%Pb、3.64%Fe、68.28%Zn、6.58%Cl、10.14%S、0.41%P、0.07%Ti、0.95%Ca、0.64%K、4.41%Al和1.54%Si。两组样品中均含有较高的硫元素和氯元素。

9. 明清铜瓦（文物编号：499）

表2-16 499号样品XRF检测数据

Element	Cu	Pb	Fe	Zn	Cl	S	P	Ti	Ca	K	Al	Si
Wt%	1.75	0.18	1.26	68.81	0.37	15.36	0.55	0.09	2.27	0.61	5.7	3.03

样品499元素含量数据显示样品含有1.75%Cu、0.18%Pb、1.26%Fe、68.81%Zn、0.37%Cl、15.36%S、0.55%P、0.09%Ti、2.27%Ca、0.61%K、5.7%Al和3.03%Si。硫元素含量较高。

10. 汉双耳铜釜（文物编号：527）

显微镜显示锈蚀样品蓝绿色相间，中间分布着白色和土黄色的颗粒。

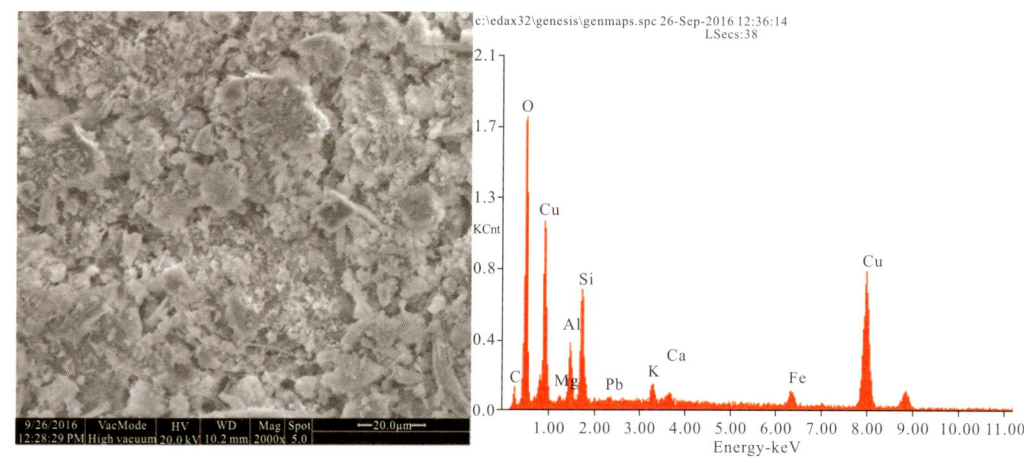

图2-37　527号样品元素分析区域及能谱图

表2-17　527号样品元素能谱检测数据

Element	C	O	Mg	Al	Si	Pb	K	Ca	Fe	Cu
Wt%	7.84	30.4	0.62	4.11	7.12	0.63	1.23	0.69	2.58	44.79
At%	17.24	50.17	0.67	4.02	6.69	0.08	0.83	0.45	1.22	18.61

图2-37是527号样品元素分析区域及能谱图，表2-17是样品能谱仪检测元素含量，数据显示样品中各元素的质量百分比含量为7.84%C、30.4%O、0.62%Mg、4.11%Al、7.12%Si、

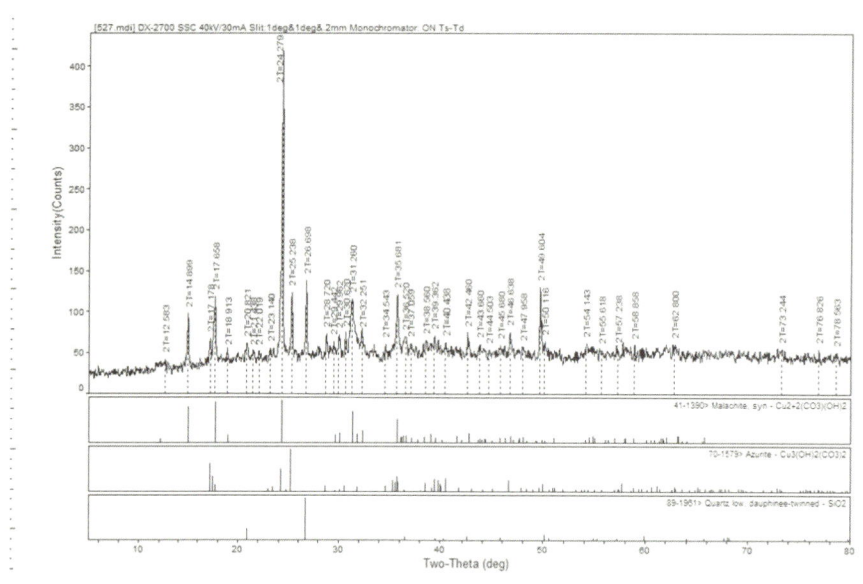

图2-38　527号样品的XRD图谱

0.63%Pb、1.23%K、0.69%Ca、2.58%Fe和44.79%Cu。大量Cu、O、C的出现表明该样品极有可能为铜的氧化物，如孔雀石［$Cu_2(OH)_2CO_3$］。

图2-38是527号样品衍射图，在17.00°、17.33°、17.54°、24.04°、25.07°、35.68°、39.24°、40.38°、46.52°、50.71°和57.64°为蓝铜矿［$Cu_3(CO_3)_2(OH)_2$］特征衍射峰；5.03°、5.02°、3.68°、2.85°、2.50°、2.17°、2.12°、2.06°、1.42°、1.28°和1.25°为孔雀石［$Cu_2(OH)_2CO_3$］特征衍射峰；4.21°和3.33°等处衍射峰归属于石英（SiO_2）。

11. 汉代铜鉴（文物编号：529）

显微镜显示锈蚀样品以绿色为主，其中夹杂了蓝色、白色和土黄色的颗粒。

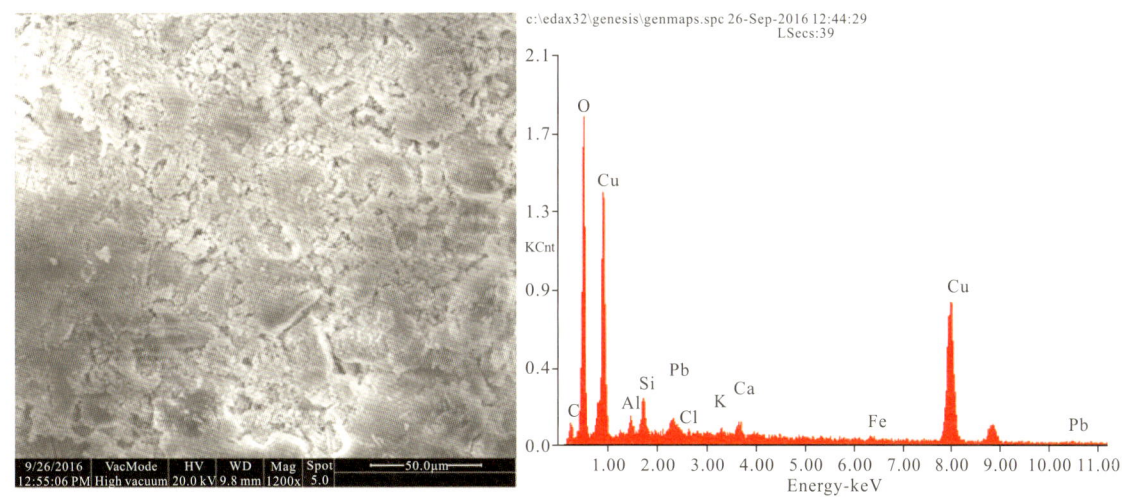

图2-39 529号样品元素分析区域及能谱图

表2-18 529号样品元素能谱检测数据

Element	C	O	Al	Si	Pb	Cl	K	Ca	Fe	Cu
Wt%	7.82	32.74	1.29	2.31	3.46	0.17	0.43	1.01	0.77	49.99
At%	17.66	55.52	1.3	2.23	0.45	0.13	0.3	0.69	0.37	21.34

图2-39是529号样品元素分析区域及能谱图，表2-18是529号样品能谱仪检测元素含量，数据显示样品中各元素的质量百分比含量为7.82%C、32.74%O、1.29%Al、2.31%Si、3.46%Pb、0.17%Cl、0.43%K、1.01%Ca、0.77%Fe和49.99%Cu。

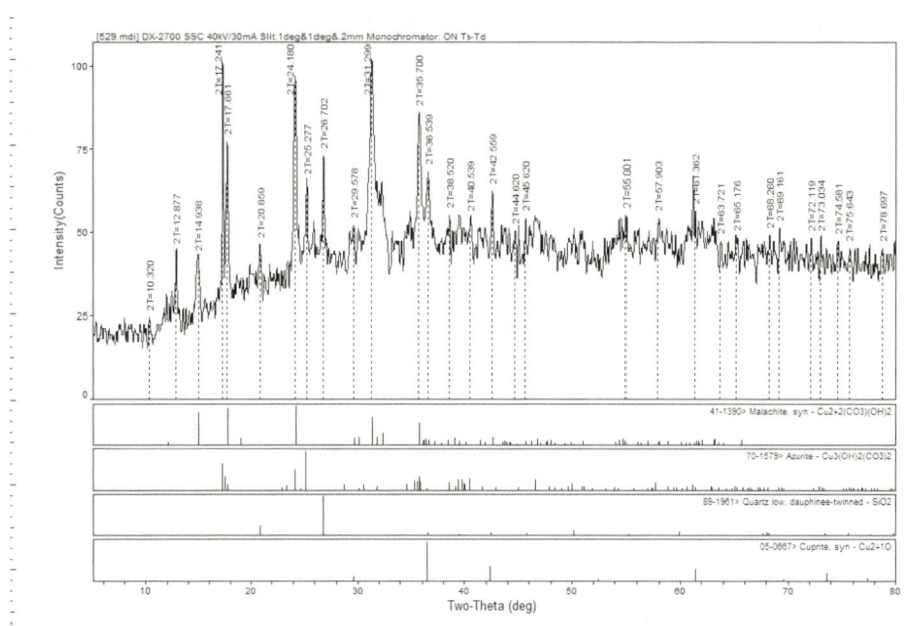

图2-40 529号样品的XRD图谱

图2-40是529号样品衍射图，在17.00°、17.33°、17.54°、24.04°、25.07°、35.68°、39.24°、40.38°、46.52°、50.71°和57.64°为蓝铜矿[$Cu_3(CO_3)_2(OH)_2$]特征衍射峰；5.03°、5.02°、3.68°、2.85°、2.50°、2.17°、2.12°、2.06°、1.42°、1.28°和1.25°为孔雀石[$Cu_2(OH)_2CO_3$]特征衍射峰；4.21°和3.33°等处特征衍射峰归属于石英（SiO_2）；2.48°、2.21°和1.51°处出现赤铜矿（Cu_2O）的特征衍射峰。

12. 东汉铜鉴（文物编号：1051）

显微镜显示锈蚀样品以绿色为主，其中夹杂了白色和土黄色的颗粒。

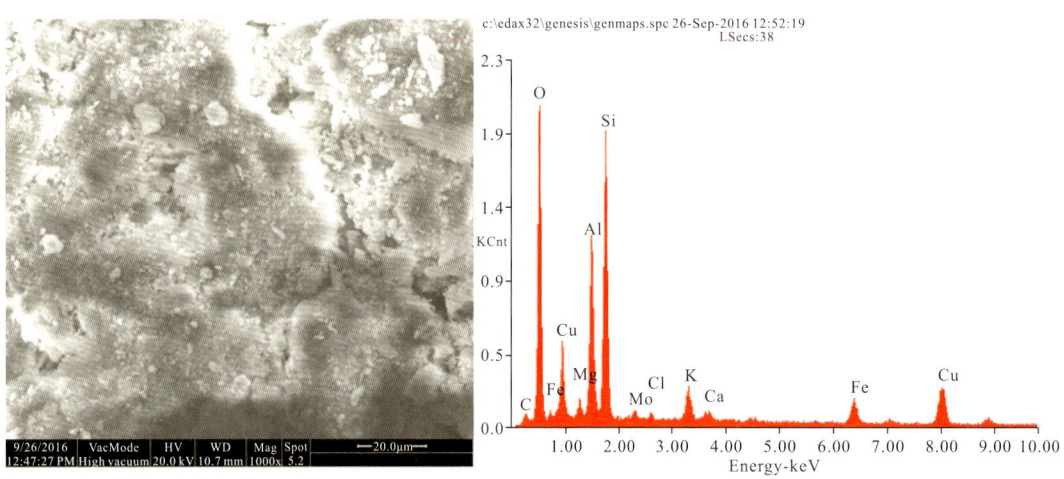

图2-41 1051号样品元素分析区域及能谱图

表2-19　1051号样品元素能谱检测数据

Element	C	O	Mg	Al	Si	Mo	Cl	K	Ca	Fe	Cu
Wt%	5.3	41	1.23	10.22	16.3	1.54	0.49	2.48	0.67	4.82	15.96
At%	9.89	57.45	1.13	8.49	13.01	0.36	0.31	1.42	0.37	1.93	5.63

图2-41是1051号样品元素分析区域及能谱图，表2-19是1051号样品能谱仪检测元素含量，数据显示样品中各元素的质量百分比含量为5.3%C、41%O、1.23%Mg、10.22%Al、16.3%Si、1.54%Mo、0.49%Cl、2.48%K、0.67%Ca、4.82%Fe和15.96%Cu。

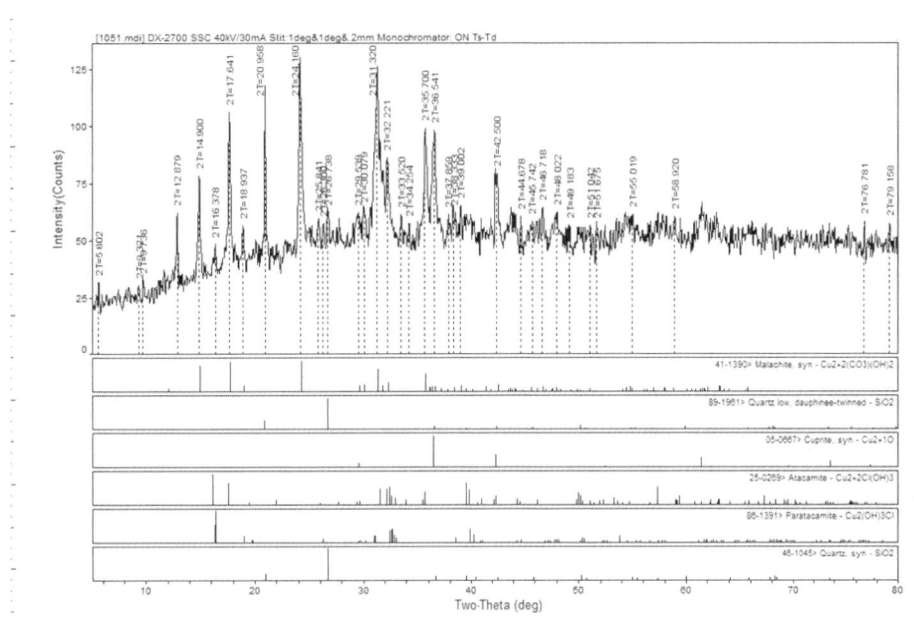

图2-42　1051号样品的XRD图谱

图2-42是1051号样品衍射图，在5.03°、5.02°、3.68°、2.85°、2.50°、2.17°、2.12°、2.06°、1.42°、1.28°和1.25°为孔雀石[$Cu_2(OH)_2CO_3$]特征衍射峰；4.21°和3.33°等处衍射峰归属于石英（SiO_2）；2.48°、2.21°和1.51°处出现赤铜矿（Cu_2O）的特征衍射峰；16.18°、18.92°、32.36°、30.70°、50.12°、63.61°基本上都为斜氯铜矿[$Cu_2(OH)_3Cl$]特征衍射峰；16.18°、17.62°、30.93°、31.52°、30.71°、50.12°、57.18°等处衍射峰属于氯铜矿[$Cu_2(OH)_3Cl$]。氯铜矿和斜氯铜矿是粉状锈的主要成分，严重威胁着青铜器的存在，易产生不可逆的循环腐蚀效应，是需要重点去除的锈蚀病害。

13. 东汉铜洗（文物编号：517）

显微镜显示锈蚀样品以蓝色为主，其中夹杂了绿色、白色和土黄色的颗粒。

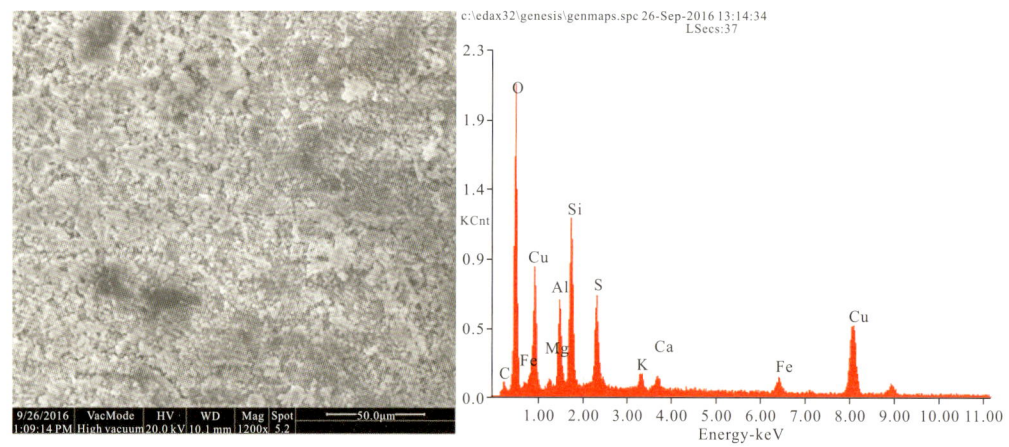

图2-43　517号样品元素分析区域及能谱图

表2-20　517号样品元素能谱检测数据

Element	C	O	Mg	Al	Si	S	K	Ca	Fe	Cu
Wt%	5.86	36.59	0.78	5.57	10.61	5.4	1.29	1.01	3.09	29.8
At%	11.77	55.21	0.78	4.98	9.12	4.06	0.8	0.61	1.33	11.32

图2-43是517号样品元素分析区域及能谱图，表2-20是517号样品能谱仪检测元素含量，数据显示样品中各元素的质量百分比含量为5.86%C、36.59%O、0.78%Mg、5.57%Al、10.61%Si、

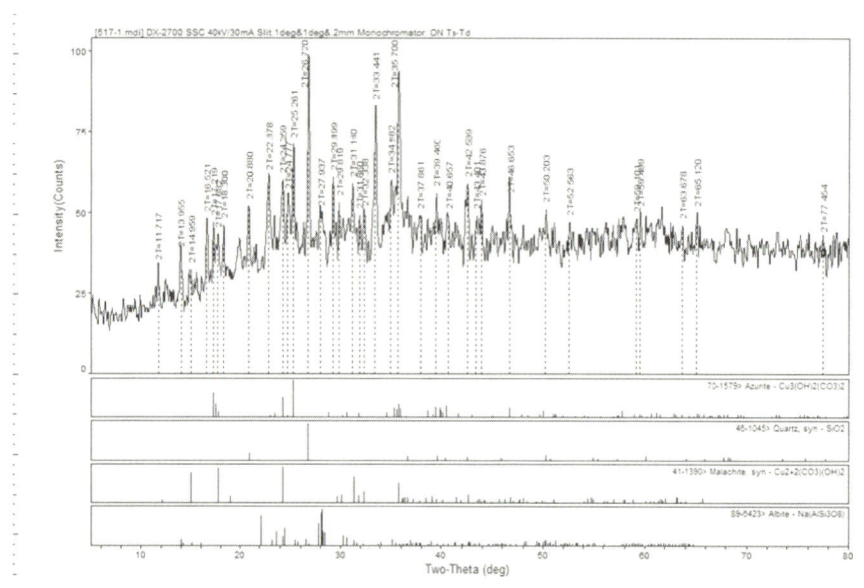

图2-44　517号样品的XRD图谱

5.4%S、1.29%K、1.01%Ca、3.09%Fe和29.8%Cu。

图2-44是517号样品衍射图，在17.00°、17.33°、17.54°、24.04°、25.07°、35.68°、39.24°、40.38°、46.52°、50.71°和57.64°为蓝铜矿[$Cu_3(CO_3)_2(OH)_2$]特征衍射峰；在5.03°、5.02°、3.68°、2.85°、2.50°、2.17°、2.12°、2.06°、1.42°、1.28°和1.25°为孔雀石[$Cu_2(OH)_2CO_3$]特征衍射峰；4.21°和3.33°等处衍射峰归属于石英（SiO_2）；23.53°、26.67°、27.46°、45.78°、50.16°和64.03°处衍射峰属于钠长石（$NaAlSi_3O_8$）。

14. 汉铜䥽斗（文物编号：486）

显微镜显示锈蚀样品以绿色为主，其中夹杂了白色和土黄色的颗粒。

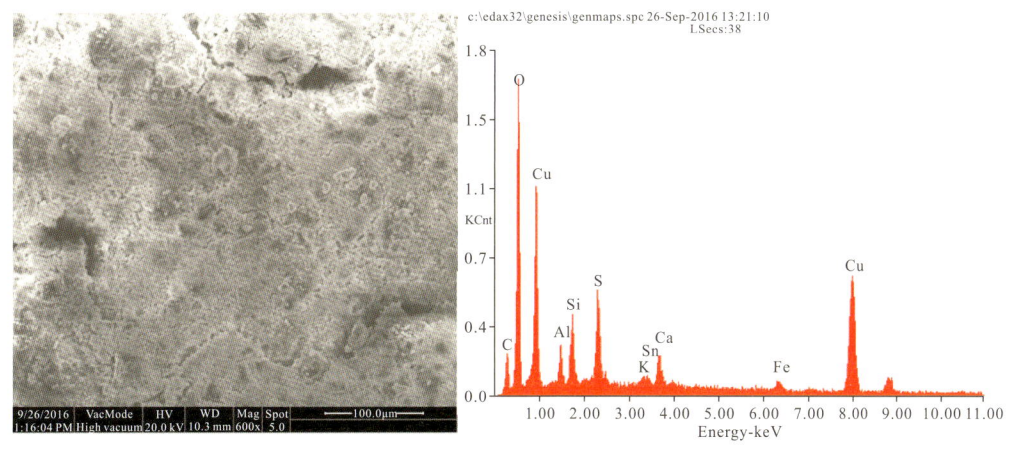

图2-45　486号样品元素分析区域及能谱图

表2-21　486号样品元素能谱检测数据

Element	C	O	Al	Si	S	K	Sn	Ca	Fe	Cu
Wt%	14.52	32.11	2.12	3.55	4.18	0.52	1.29	1.76	1.47	38.47
At%	28.44	47.21	1.85	2.97	3.07	0.32	0.26	1.03	0.62	14.24

图2-45是486号样品元素分析区域及能谱图，表2-21是486号样品能谱仪检测元素含量，数据显示样品中各元素的质量百分比含量为14.52%C、32.11%O、2.12%Al、3.55%Si、4.18%S、0.52%K、1.29%Sn、1.76%Ca、1.47%Fe和38.47%Cu。C、O和Cu元素的出现表明样品极有可能是孔雀石[$Cu_2(OH)_2CO_3$]或蓝铜矿[$Cu_3(CO_3)_2(OH)_2$]。

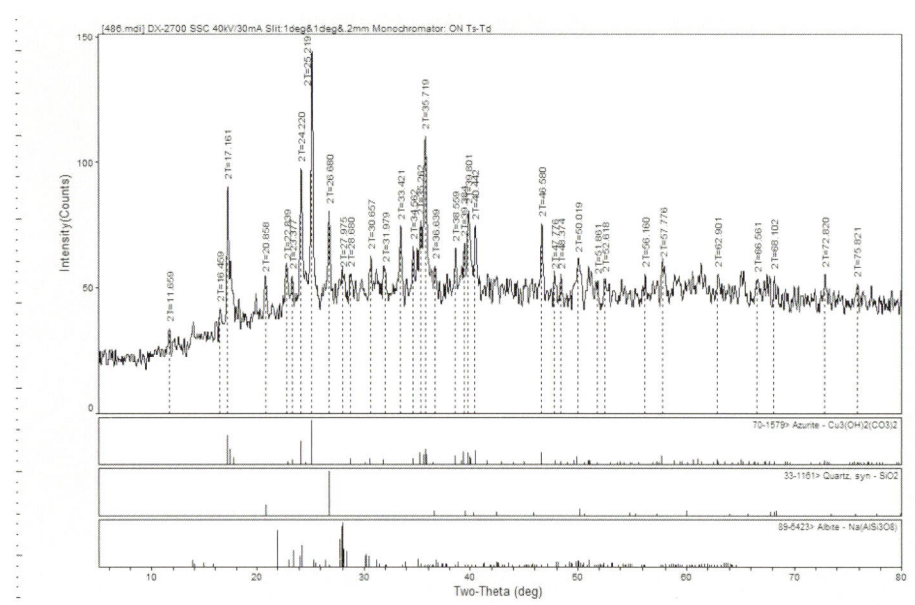

图2-46　486号样品的XRD图谱

图2-46是486号样品衍射图，在17.00°、17.33°、17.54°、24.04°、25.07°、35.68°、39.24°、40.38°、46.52°、50.71°和57.64°为蓝铜矿[$Cu_3(CO_3)_2(OH)_2$]特征衍射峰；23.53°、26.67°、27.46°、45.78°、50.16°和64.03°处衍射峰属于钠长石（$NaAlSi_3O_8$）；4.21°和3.33°等处衍射峰归属于石英（SiO_2）。

15. 东汉铜鉴（文物编号：510）

显微镜显示锈蚀样品以黄绿色为主，其中夹杂了白色和土黄色的颗粒。

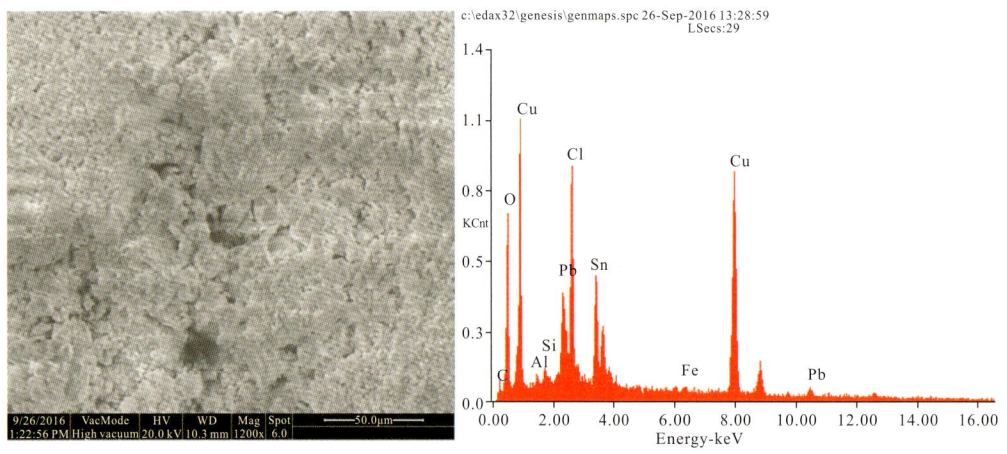

图2-47　510号样品元素分析区域及能谱图

表2-22　510号样品元素能谱检测数据

Element	C	O	Al	Si	Pb	Cl	Sn	Fe	Cu
Wt%	2.86	17.03	0.43	0.61	11.76	8.46	13.37	0.57	44.92
At%	9.64	43.19	0.65	0.87	2.3	9.68	4.57	0.42	28.68

图2-47是510号样品元素分析区域及能谱图，表2-22是样品能谱仪检测元素含量，数据显示样品中各元素的质量百分比含量为2.86%C、17.03%O、0.43%Al、0.61%Si、11.76%Pb、8.46%Cl、13.37%Sn、0.57%Fe和44.92%Cu。

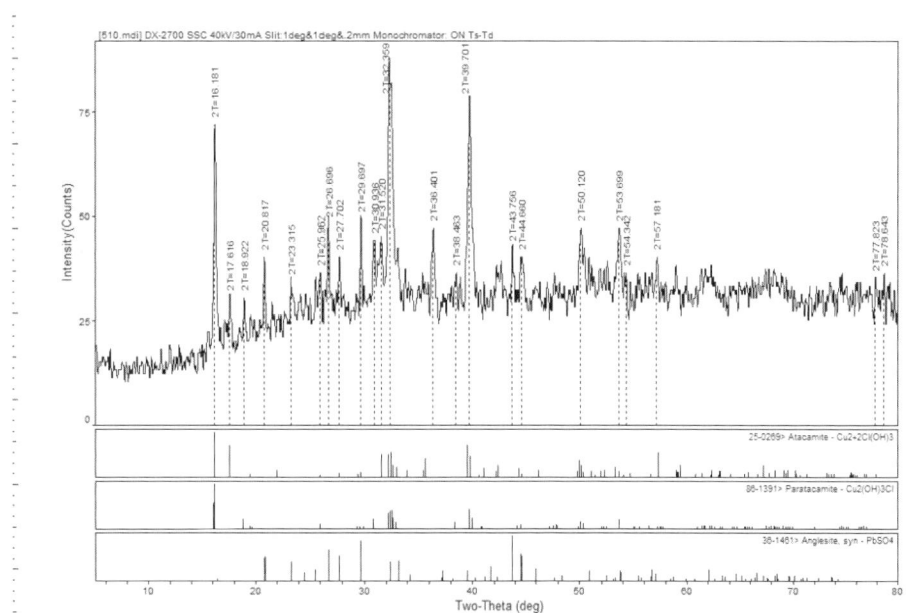

图2-48　510号样品的XRD图谱

图2-48是510号样品衍射图，16.18°、18.92°、32.36°、30.70°、50.12°、63.61°等处基本上都为斜氯铜矿［$Cu_2(OH)_3Cl$］特征衍射峰；16.18°、17.62°、30.93°、31.52°、30.71°、50.12°、57.18°等处衍射峰属于氯铜矿［$Cu_2(OH)_3Cl$］；20.82°、23.32°、26.97°、27.70°、29.70°、43.76°、44.66°等处衍射峰属于硫酸铅（$PbSO_4$）。

16. 东汉双耳铜釜（文物编号：1604）

显微镜显示锈蚀样品以绿色为主，其中夹杂了白色和土黄色的颗粒。

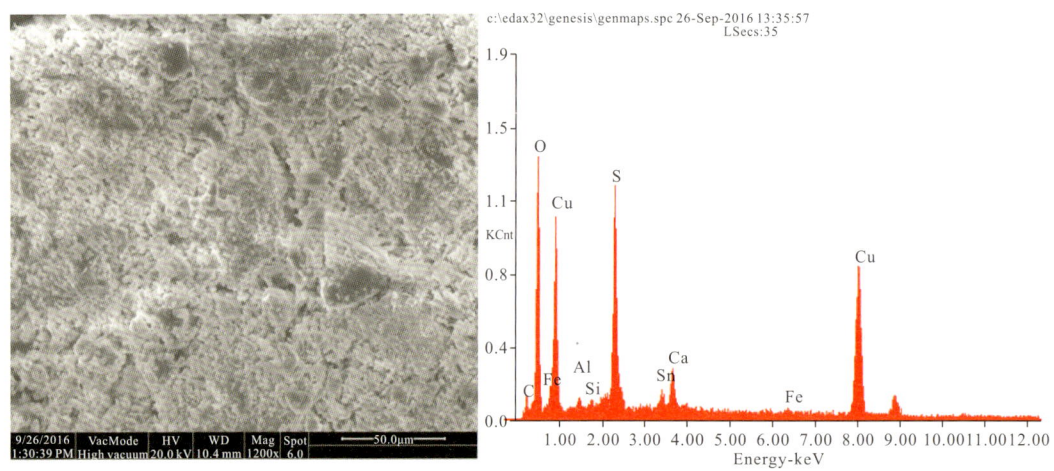

图2-49 1604号样品元素分析区域及能谱图

表2-23 1604号样品元素能谱检测数据

Element	C	O	Al	Si	S	Sn	Ca	Fe	Cu
Wt%	6.93	28.75	0.57	0.33	10.33	2.81	1.81	0.81	47.68
At%	16.2	50.45	0.59	0.33	9.04	0.66	1.27	0.41	21.06

图2-49是1604号样品元素分析区域及能谱图，表2-23是1604号样品能谱仪检测元素含量，数据显示样品中各元素的质量百分比含量为6.93%C、28.75%O、0.57%Al、0.33%Si、10.33%S、2.81%Sn、1.81%Ca、0.81%Fe和47.68%Cu。

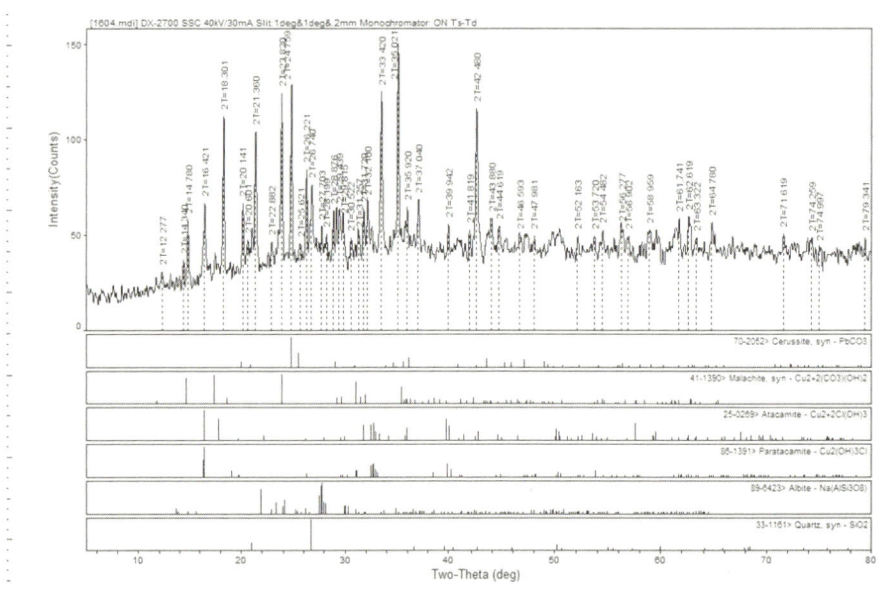

图2-50 1604号样品的XRD图谱

图2-50是1604号样品衍射图,在17.00°、17.33°、17.54°、24.04°、25.07°、35.68°、39.24°、40.38°、46.52°、50.71°和57.64°为蓝铜矿[$Cu_3(CO_3)_2(OH)_2$]特征衍射峰;在5.03°、5.02°、3.68°、2.85°、2.50°、2.17°、2.12°、2.06°、1.42°、1.28°和1.25°为孔雀石[$Cu_2(OH)_2CO_3$]特征衍射峰;4.21°和3.33°等处衍射峰归属于石英(SiO_2);23.53°、26.67°、27.46°、45.78°、50.16°和64.03°处衍射峰属于钠长石($NaAlSi_3O_8$);16.18°、18.92°、32.36°、30.70°、50.12°、63.61°基本上都为斜氯铜矿[$Cu_2(OH)_3Cl$]特征衍射峰;23.82°、25.62°、35.92°处衍射峰属于白铅矿($PbCO_3$)。

17. 东汉铜洗(文物编号:2413)

显微镜显示锈蚀样品以绿色为主,其中夹杂了白色和土黄色的颗粒。

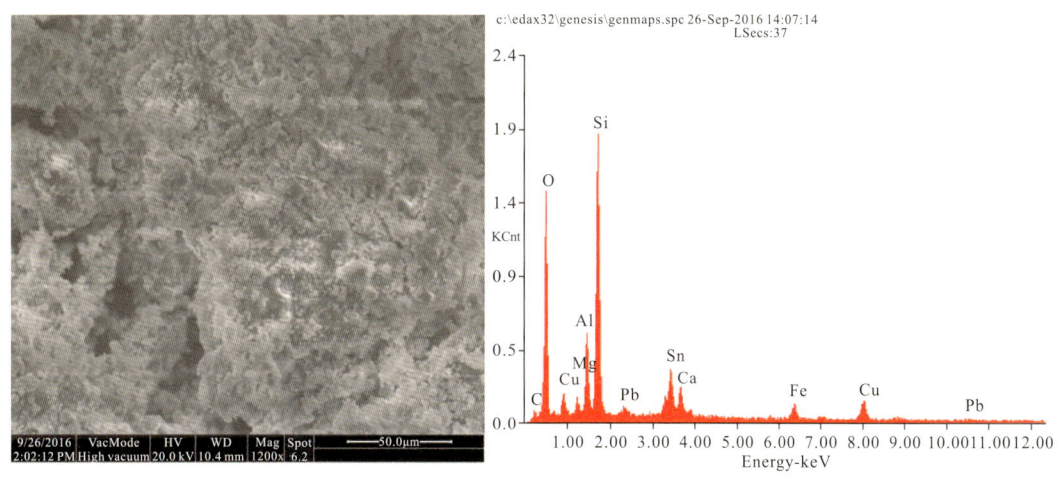

图2-51 2413号样品元素分析区域及能谱图

表2-24 2413号样品元素能谱检测数据

Element	C	O	Mg	Al	Si	Pb	Sn	Ca	Fe	Cu
Wt%	5.15	39.62	1.41	5.82	19.46	2.29	12.64	0.76	3.76	9.09
At%	10.16	58.7	1.37	5.12	16.43	0.26	2.53	0.45	1.6	3.39

图2-51是2413号样品元素分析区域及能谱图,表2-24是2413号样品能谱仪检测元素含量,数据显示样品中各元素的质量百分比含量为5.15%C、39.62%O、1.41%Mg、5.82%Al、19.46%Si、2.29%Pb、12.64%Sn、0.76%Ca、3.76%Fe和9.09%Cu。

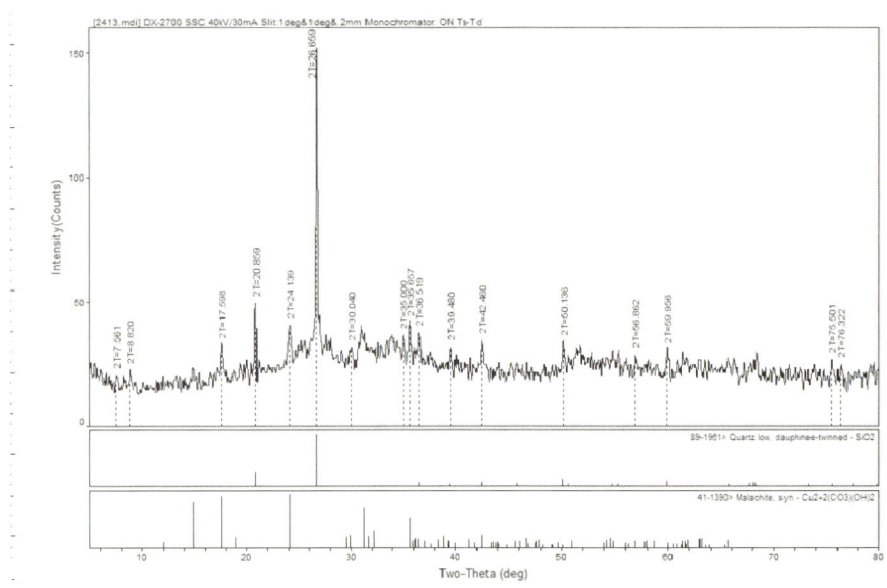

图2-52　2413号样品的XRD图谱

图2-52是2413号样品衍射图，在5.03°、5.02°、3.68°、2.85°、2.50°、2.17°、2.12°、2.06°、1.42°、1.28°和1.25°为孔雀石［$Cu_2(OH)_2CO_3$］特征衍射峰；4.21°和3.33°等处衍射峰归属于石英（SiO_2）。

18. 汉代铜锔（文物编号：518）

显微镜显示锈蚀样品以绿色为主，其中夹杂了土黄色的颗粒。

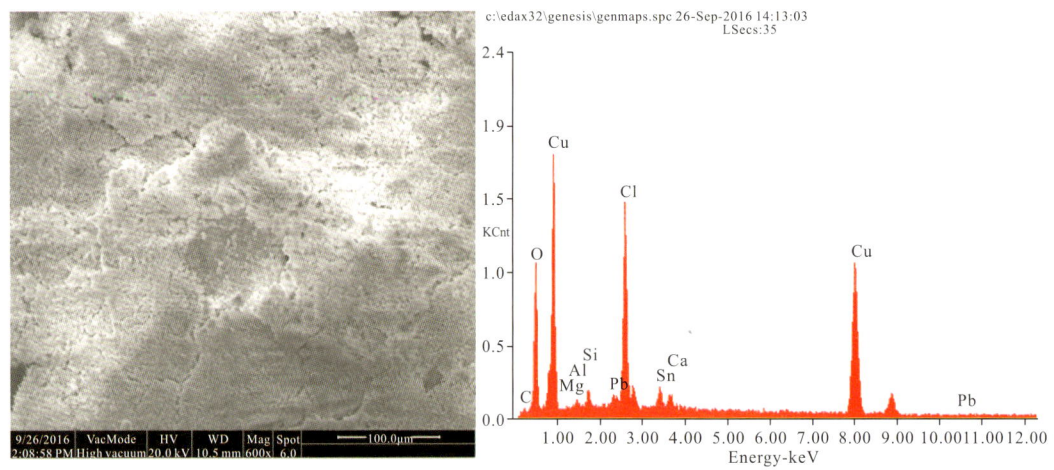

图2-53　518号样品元素分析区域及能谱图

表2-25　518号样品元素能谱检测数据

Element	C	O	Mg	Al	Si	Pb	Cl	Sn	Ca	Cu
Wt%	2.7	20.38	0.28	0.61	1.06	2.58	12.96	4.41	0.48	54.54
At%	7.88	44.59	0.41	0.79	1.33	0.44	12.8	1.3	0.42	30.05

图2-53是518号样品元素分析区域及能谱图，表2-25是518号样品能谱仪检测元素含量，数据显示样品中各元素的质量百分比含量为2.7%C、20.38%O、0.28%Mg、0.61%Al、1.06%Si、2.58%Pb、12.96%Cl、4.41%Sn、0.48%Ca和54.54%Cu。

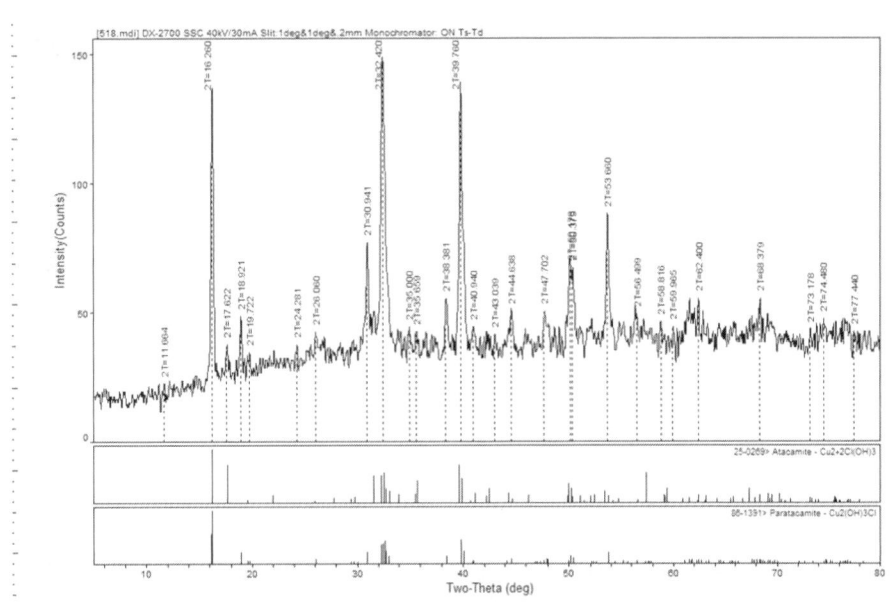

图2-54　518号样品的XRD图谱

图2-54是518号样品衍射图，在17.00°、17.33°、17.54°、24.04°、25.07°、35.68°、39.24°、40.38°、46.52°、50.71°和57.64°为蓝铜矿[$Cu_3(CO_3)_2(OH)_2$]特征衍射峰；在16.18°、18.92°、32.36°、30.70°、50.12°、63.61°基本上都为斜氯铜矿[$Cu_2(OH)_3Cl$]特征衍射峰，与能谱分析显示高氯含量相符。斜氯铜矿是粉状锈的一种结构形态，在后续的保护修复中需要重点去除。

第三章
Chapter Three

青铜器的保护修复

通过对宜宾市博物院馆藏这批青铜器的保存现状、病害程度等进行全面的调查研究，并采用多种现代科技手段对部分有代表性的文物进行无损检测和取样分析，在掌握这批器物的表面微观形貌、锈蚀产物成分、文物本体成分等基本信息的基础上，针对青铜器的病害情况和锈蚀特点，制定相应的技术路线，采取科学的方法措施对这批青铜器进行保护修复。除东汉铜盆（文物编号：2739）曾做过临时修复，这批青铜器均是首次进行科学、系统的保护修复处理。

第一节　保护修复工作原则及依据

一、工作原则

依据有关法律法规和行业标准，并参考《国际古迹保护与修复宪章》的有关原则准则，充分尊重文物的历史真实性，全面保存文物的基本信息，揭示其历史、艺术和科学价值，确保文物安全以及增强文物的抗腐蚀能力。具体保护修复原则如下：

（一）最小干预原则

对文物本体的干预措施和程度，需根据文物的保存状况科学确定。干预应采取最可靠、最有效的方法，有利于文物的长久保存，并尽量减少对文物价值造成的伤害，保证文物"真实"地保存下来。考虑到文物科技的发展不断为文物保护提供新的可能性，干预措施应为后人解决文物保护的"疑难杂症"留有充分余地。

（二）不改变文物原状原则

"不改变文物原状"是文物保护工作者的第一文化责任，也是文物保护工作的第一原则。从根本上说，文物保护要遵循"尽量减少干预"的原则，从历史文化信息的完整性、真实性着眼。特定的材料、工艺、形制、结构、空间关系，甚至经历时间磨洗的沧桑风貌，乃是承载、蕴含历史文化信息的物质载体。"真实""完整"且未经人为扰动、改变的物质载体，是历史文化信息"真实性""完整性"的保证。

对青铜器保护修复而言，如何做到不改变文物原状，主要是指在文物历史价值、科学价值、艺术价值三者兼顾的情况下保持文物的形貌完整，同时文物本身的材质、结构、纹饰、铭文及附带的历史信息不能被随意改变或破坏。

（三）协调性和修复材料可再处理性原则

协调性是指保护现存实物原状与历史信息，经过保护修复处理的部分要与原物或前一次处理的部分相协调，保护修复后的文物力求做到"远观一致，近看有别"。可再处理性原则在青铜器保护修复中主要表现为保护修复材料和补配部位在材料老化的情况下或有更好的替代材料出现时能及时去除，去除时不会对文物本体造成伤害，同时与文物原始材料具有兼容性，技术措施不妨碍以后再次对文物进行保护修复处理。使用的化学材料是要有前期试验和研究基础，证明其有效并对文物本体无害，可重复操作并与器物原来制作材料相兼容的产品。器物原制作材料与保护修复材料在物理、化学等性能上必须是相接近的，不能改变器物的原制作材料，不能对器物造成新的破坏。严格按照成熟的工艺和稳定的材料进行操作，在选用新材料和新方法时要事先经过充分的试验，在确保文物安全的基础上再进行局部试验，局部试验良好后方可进行使用。

根据以上原则，经过全面观察分析，遵照"保护现状，修复原状，消除隐患，维持文物稳定性"的依据，在充分做好前期研究和检测分析的基础上，针对不同的损坏原因采取适合的保护处理方法，达到长期稳定保存的目的。结合前期调研所获取的具体病害、保存现状等情况，我们采取机械、化学等保护手段去除器物表面附着物和表面硬结物，并进行复原修复，最后进行封护处理。

二、工作依据

目前我国青铜器保护修复领域主张严格遵守的法律法规、准则或行业标准主要有以下九条：

《中华人民共和国文物保护法》，2017年11月4日第十二届全国人民代表大会常务委员会第三十次会议第五次修正。

《中华人民共和国文物保护法实施条例》，2017年10月7日根据《国务院关于修改部分行政法规的决定》〔中华人民共和国国务院令（第687号）〕第四次修正。

《中国文物古迹保护准则》，国际古迹遗址理事会中国国家委员会2002年通过。2010年，经中国国家文物局批准，中国古迹遗址保护协会开始了《中国文物古迹保护准则》的修订工作，并于2014年年初终告完成，2015年正式颁布。

《国际古迹保护与修复宪章》，1964年5月25—31日第二届历史古迹建筑师及技师国际会议在威尼斯通过。

《重庆市实施〈中华人民共和国文物保护法〉办法》，2005年9月29日重庆市第二届人民代表大会常务委员会第十九次会议通过，2016年9月29日重庆市第四届人民代表大会常务委员会第二十八次会议修订。

WW/T 0009—2007《馆藏金属文物保护修复方案编写规范》。

GB/T 30687—2014《馆藏金属文物保护修复记录规范》。

GB/T 30686—2014《馆藏青铜质和铁质文物病害与图示》。

WW/T 0058—2014《可移动文物病害评估技术规程 金属类文物》。

第二节 保护修复技术路线

在前期调研、检测分析的基础上，依据文物保护修复的基本原则，以科学修复为宗旨，采用传统工艺技术与现代科技相结合的方法，制定有针对性的保护修复技术路线和方案，并严格按照所制定的方案实施保护修复工作，最后按照国家文物局颁布的相关标准填写保护修复档案，编写工作报告。

一、主要技术流程

针对青铜器的病害情况和锈蚀特点，制订科学合理的技术路线，采取相应的措施，对这批青铜器进行保护修复。整个保护修复技术流程如下图所示：

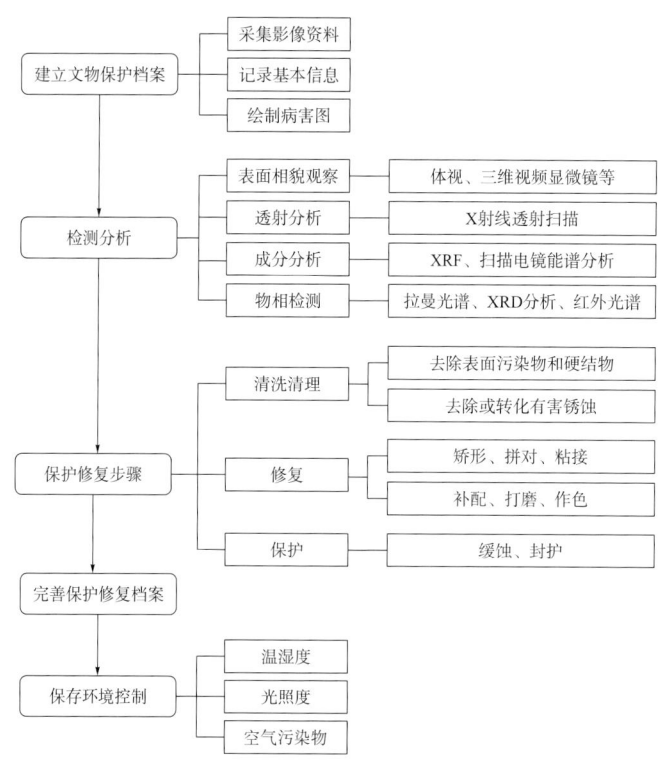

图3-1 青铜器保护修复技术流程图

二、主要材料工具

（一）保护材料

清洗：去离子水、乙醇、丙酮等；

除锈：过氧化氢、乙二胺四乙酸二钠（EDTA-2Na）、六偏磷酸钠等；

封护：丙烯酸树脂（B72）、醋酸乙酯等。

（二）修复材料

粘接：热熔胶、环氧树脂等；

补配：胶带、热熔胶、玻璃纤维布、环氧树脂（HY-914）、滑石粉、矿物颜料、砂纸等；

作色：虫胶漆、矿物颜料、丙烯酸颜料、乙醇等。

（三）工具设备

手术刀、玛瑙刀、医用洁牙机、毛刷、热风枪、烧杯、量筒、砂纸、打磨机、五金夹具、锻打工具、喷壶、超声波清洗机、激光清洗机、烘箱、吹风机、除湿机、通风橱柜、台灯、温湿度计等。

（四）防护用品

防护眼镜、防尘口罩、手套、工作服等。

第三节　保护修复实施

一、清洗

为了更加清晰地显示文物的本来面貌、消除潜在病害，方便进一步研究和观赏利用等，对文物表面附着的泥土、污垢、可溶盐、疏松锈蚀物等进行清洗去除就十分必要。对于做过临时性修复的青铜器，先判断临时修复部位的合理性及其修复材料的稳定性，再考虑是否需要做拆卸、去胶处理。一般来说下面两种情况不予清理：一是对孔雀石等稳定无害锈蚀产物原则上不做清理；二是在清理中发现有丝网、木纹、朱砂等痕迹，应该尽可能予以保留。清洗时既要能够满足以上的目的和原则，又要保障文物的安全。

宜宾市博物院这批青铜文物普遍存在大量泥土、污染物及各种表面硬结物，因此根据每件器物的特征、表面硬结物的类型和覆盖面积大小、文物腐蚀程度及保护修复要求，采取机械法、化学法等对表面的泥土、污染物及各种表面硬结物进行去除，选择的方法和材料不能对文物造成破坏，不改变文物锈蚀的颜色，不与器物本体产生化学反应，且对环境和操作者没有危害。

（一）泥土及表面污染物的去除

清洗前先对器物进行仔细观察，确定器物胎体状况及腐蚀程度、有无特殊的表面处理工艺、使用痕迹、织物木屑残留痕迹等信息，从而判断是否可以进行清洗，对过于脆弱或存在特殊历史遗留信息的器物要慎重处理，只进行局部清洗或不进行清洗。

一般泥土及污染物的清洗操作步骤如下：首先，使用去离子水软化器物表面的泥土等附着物，使用手术刀等工具，对器物表面的泥土进行小心剔除，接近器物表面时停止操作。再使用滴管吸取50%乙醇水溶液滴于接近器物表面的干硬泥土之上，待其渗透润湿后，用竹签轻轻剔除，再用滴管滴渗少量乙醇水溶液，重复操作，直至器表干硬泥土全部去除为止。然后，使用软毛刷刷洗的方法将器物表面的浮土清洗干净。如果发现器物内外壁均无炭迹等痕迹残留，且文物胎体保存较好，也可将器物整体放入盛有去离子水的器皿内，用超声波清洗仪进行震荡清洗。清洗之后，将器物置于40度烘箱内烘干1小时，取出静置。

图3-2　软毛刷清洗

图3-3　超声波清洗

（二）表面硬结物及层状堆积锈蚀物的去除

青铜器长期埋藏在地下，受土壤、地下水等外界环境的影响，表面形成各种钙质结构的硬结物或锈蚀产物，这些硬结物掩盖了器物表面的铭文或纹饰，故建议局部进行清理。除锈前须认真观察文物的基本情况，判断文物基体锈蚀程度，对于铭文或纹饰被遮盖的器物，最好是采用X透射分析对器物锈蚀下的铭文或纹饰状况有一个全面的了解，从而更好地对工具、方法进行筛选。

表面硬结物的清除操作步骤如下：先使用竹签、软毛刷等工具将器物表面疏松的锈蚀物小心去除。再使用手术刀、洁牙机等工具将器物表面较坚硬的硬结锈蚀物小心缓慢去除。然后，辅助采用超声波清洗机，对器物整体进行震荡清洗。如附着物硬度较大，可先用浓度为1%～2%的EDTA-2Na溶液进行贴敷软化，再用机械法去除。可用去离子水将器物表面的细小锈蚀物颗粒冲洗干净，置于40度烘箱内烘干1小时，取出静置。

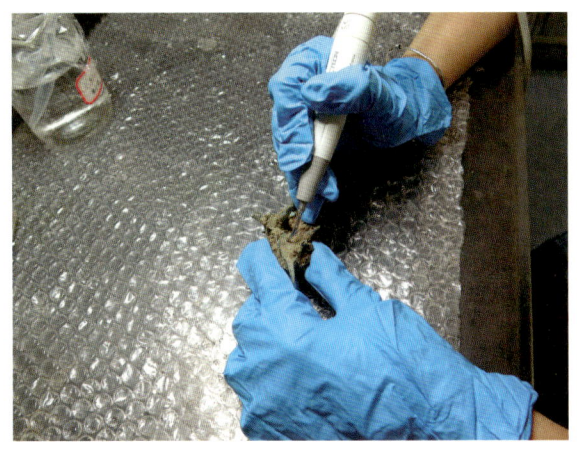

图3-4 洁牙机清洗　　　　　　　　　图3-5 化学清洗

二、去除或转化有害锈

在修复过程中，对于局部粉状锈的治理，首先用常规机械方法除锈，即用手术刀或尖头打磨机将锈点剔除，直到看到文物本体为止，再用乙醇将腐蚀区域擦拭干净。然后用尖头棉签蘸取30%的过氧化氢溶液进行多次点涂，使深浅不同处的粉状锈彻底化学转化和清除。过氧化氢则分解成氧气和水，不会对器物有任何影响。观察3～5天后若无"粉状锈"继续爆发，则用2%的Paraloid B72丙烯酸树脂涂刷两遍，封护青铜器，使之与氧气、水分等隔开。

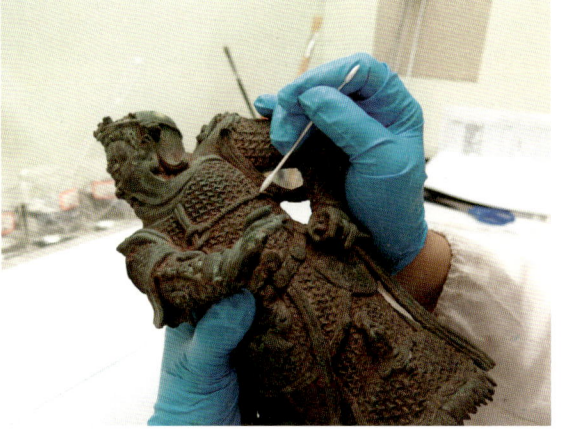

图3-6 剔除有害锈　　　　　　　　　图3-7 过氧化氢点涂

三、整形

古代青铜器铸造完成后，受自身材质和外部环境的影响，如墓葬坍塌、器物碰撞挤压等各种因素，考古发掘出土的青铜器多处于残缺、破碎、断裂、变形等状态，要保持器物结构上的稳定性和充分展现器物原有的艺术价值就需要对青铜器进行整形修复处理。

青铜器在整形之前首先要检查胎体金属的保存状况，判断是否适合进行矫形操作。如果胎体保存状况较好，呈现铜的金属光泽，说明有较高的金属韧性，适合进行矫形；如果青铜器已经严重矿化，或者变形部位铜质保存较脆弱，原则上不进行矫形，强行矫形可能会导致器物破碎更加严重。

比较常用的矫形方法有捶打法、扭压法、顶撑法等，灵活使用捆扎、撬压等操作缓慢施压，逐渐增强压力使其缓慢恢复原状。

（一）捶打法

该方法操作简单，也是传统青铜器修复工艺中使用最多的整形方法之一。一般使用比青铜硬度更低的铅锤、锡锤或橡皮锤对变形部位进行锤击，直至铜器变形部位基本恢复原状，锤击时一定要注意力度的把握。

图3-8　夹具矫形

（二）扭压法

该方法相对捶打法要复杂一些，也称模压法，即给变形器物做一套模具夹住，在台钳上施加压力扭压，通过逐步改变器物的受力位置使器形恢复的方法。需要根据器物变形部位的具体情况配合使用台钳、木块、龙骨、铁丝、手钳等多种操作工具，通过反向缓慢用力使器物基本恢复原状。

（三）顶撑法

根据变形程度和部位，选择合适的支点，用重型F夹、液压千斤顶、手动扩张器等工具对变形部位采取顶、撑或压的方法实现矫形。该方法具有灵活性高、安全可靠等优点，在青铜器整形中普遍使用。

四、粘接

青铜器的修复过程中需要采用焊接或粘接技术。焊接通常使用的是传统的"锡焊法"，特殊情况也有使用氩弧焊和激光焊。青铜器能否焊接，主要取决于它的金属性：金属性越强，焊接强度也就越大，当青铜本体断面呈黑褐色，焊接效果很差；当青铜完全矿化，不具备焊接条件，就只能采取粘接工艺。粘接一般使用环氧树脂等高分子材料，对任何青铜器都可以进行，对文物破坏较小，具有可再处理性。这批需要拼对修复的几件青铜文物胎体普遍偏薄，且缺失部位矿化严重，因此采用粘接的方式将破碎严重的器物碎片接合、组装成形，不但不会引入新的影响因素，还可以避免因焊料引起的电化学腐蚀发生。

拼对粘接的操作步骤：首先根据器物表面装饰、锈蚀色彩、胎体厚度、茬口关系将破碎残片用胶带或热熔胶组装，确定缺损补配量及正确的组装顺序和粘接位置；然后采用室温快速固化环氧树脂胶黏剂（HY-914）来粘接残片。为避免环境相对湿度对粘接效果的影响，粘接之前先用电吹风将断面略微烘干，调配胶液均匀涂抹在断面上，再用电吹风垂直于断面促使胶液浸润断面，增加粘接强度。

图3-9　拼对粘接

五、补配

出土青铜器一般都有一定的残缺，要充分展示器物的美学价值往往需要进行必要的补配。传统修复工艺的补配方法有打制铜片补配、翻模铸造补配、塑形补配等。打制铜片补配主要是针对素面或简单纹饰的青铜器缺失部位的补配，先将铜材分割，经红炉加热煅打成薄铜片，再将薄铜片反复敲打成形，最后用锡焊将成形的铜片补配到器物残缺部位。这种补配方法操作工艺复杂，劳动强度大，功效低。对于铸有多重复杂花纹等的特殊部位，一般可采用翻模铸造的方法补配。翻模铸造补配是一种直接在器物上做模具，然后铸造出铜胎、铅锡胎或灌注树脂胶，最后将其焊接或粘接在缺失部位的一种工艺。塑形补配一般是指在缺失的部位内侧用油泥等垫起，然后再翻模注胶或直接用环氧树脂材料塑形补配的一种工艺。最常用的就是泥胎成形法，一般用于弧形、通体素面或具有简单纹饰图案、局部或大部残缺的各类器物的复原。翻模铸造和塑形补配有时是穿插在一起的，需要根据不同器物的具体情况加以灵活运用。

西南地区考古出土的青铜文物往往铜质矿化严重，器壁铜胎薄，金属性较差，一般难以用铜片焊接的方式进行补配，因此从20世纪80年代初起，我们老一辈的修复师开始尝试应用环氧玻璃钢材料对部分残破和铜质丧失严重的青铜器进行修复。多年的实践证明，这批经过修复的文物至今尚未产生变形、裂纹和剥离脱落等不良现象，该方法成功解决了出土铜器胎体矿化严重、传统技术难以修复的难题。

操作步骤如下：根据器物的残缺情况，使用环氧树脂补配等方法制作出与残缺部位形状相同的残片，再使用粘接手法填充残缺部位。对于残缺部位较少的空洞和裂隙，或基体已发生严重锈蚀、极其脆弱的部位，采用环氧树脂与固化剂依照5∶1调配，充分浸润补配部位，待填满空洞后，用工具将多余树脂进行去除；对于残缺部位分散、缺损不规整的部位，采用环氧树脂与固化剂依照5∶1配比衬以玻璃纤维布，加无机矿物填料（200目滑石粉），制成玻璃钢模块进行粘接补配；对于纹饰复杂的缺损，则采用硅橡胶翻模或石膏翻模的方式，制作玻璃钢模块进行粘接补配。

图3-10 环氧树脂补配

图3-11 塑形打磨

六、封护

封护是指在金属文物表面涂覆天然或合成材料，防止或减缓环境对金属文物造成的损害，延缓腐蚀的过程。封护剂可在文物表面形成防护膜，隔绝或减少外界环境中水分、氧气和其他有害成分对器物的影响。封护材料应具有良好的附着性、可再处理性、耐老化性和防腐性能，同时不能影响文物外观形貌。

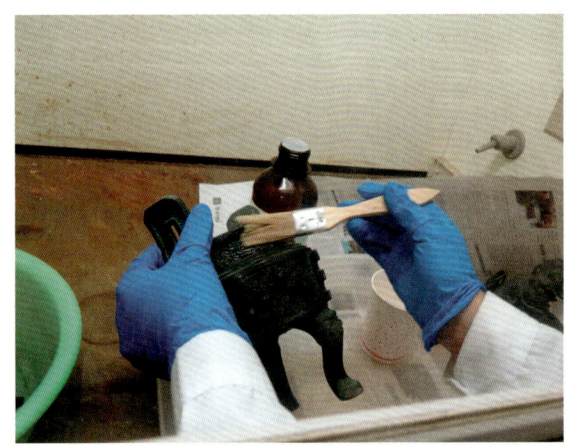

图3-12 涂刷封护

图3-13 涂刷封护

青铜器的封护可选用微晶石蜡、虫白蜡、蜂蜡、干性油、丙烯酸树脂、聚氨酯树脂、有机硅聚合物、氟碳涂料等材料，其中Paraloid B72是目前最常用的一种丙烯酸树脂封护材料，B72是丙烯酸甲酯和甲基丙烯酸乙酯的共聚物，呈白色玻璃状结构，易溶于乙酸乙酯、丙酮、丁醇、甲苯、二甲苯等溶剂，涂覆在器物表面呈无色透明状，可再处理性好。

操作步骤：首先配制浓度为2%的Paraloid B72乙酸乙酯溶液，然后使用喷壶对器物整体喷涂两遍，或采用软毛刷均匀刷涂两遍，静置晾干即可。

七、作色

青铜器的作色是指对粘接、补配、复制过程中的修复痕迹进行着色遮盖和修饰，使其与周边原物的衔接更加协调，尽量做到"远观一致，近看有别"。

作色前要将补配区域按照器物表面纹饰、弧度打磨平滑，清理干净，直接使用矿物颜料或丙烯酸颜料调出与器表锈蚀物颜色相近的混合颜料，反复以点、涂、弹、拨等方式对器物粘接及补配的部位进行仿色做旧处理，使器物整体颜色及形态尽量和谐一致。

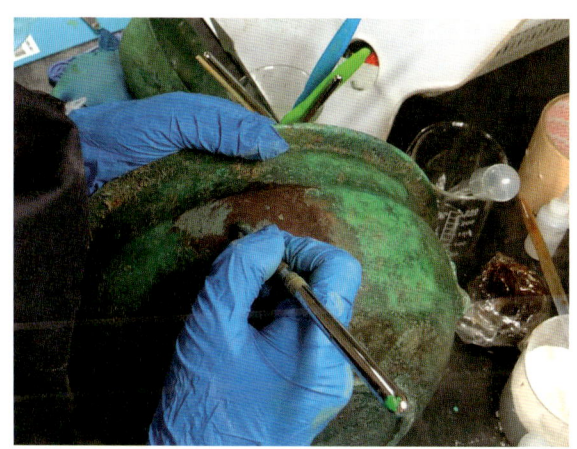
图3-14 点涂作色

图3-15 弹拨作色

八、完善保护修复档案

保护修复完成后，按照《馆藏金属文物保护修复记录规范》（GB/T 30687-2014），填写保护修复档案。档案填写做到详细、规范，主要内容包括器物修复前后照片、表面病害图、修复中的每一个步骤所使用的修复材料和工艺等。

第四节　保护修复案例

该项目保护修复各类青铜器文物共119套（147件），包括釜、盘、钟、壶、鉴、洗等青铜容器，剑、矛、钺、刀、马刺等青铜兵器，鼓、锣镲、铃、磬等青铜乐器，以及镜、盏、香炉、饰件、瓶、烛台、灯、盒、带钩、瓦、案座等青铜杂件。针对不同文物类型，我们分别以典型案例进行说明。

一、青铜容器

此次保护修复的青铜容器共45件，其中食器类16件（釜8件、盘3件、碗2件、匙1件、鼎1件、甑1件），酒器类8件（钟3件、壶3件、瓿1件、爵1件），水器类21件（鉴8件、洗6件、手炉1件、盆1件、铞5件）。这些器物中有一级文物1件、二级文物5件、三级文物33件（保护修复后定级），除了少量盘、碗和手炉为清代文物外，其余主要为汉代文物，全面反映了这一时期宜宾地区的礼制生活和青铜铸造技术，具有重要的历史价值、艺术价值和科学价值。

（一）东汉建初三年堂狼作双鱼纹铜洗（文物编号：2063）

洗口径44.0厘米，底径32.5厘米，残高3.0厘米。平折沿、斜直腹、平底，腹上对称饰铺首衔环，器物内底部铸有"建初三年堂狼作"及双鱼纹。通体被泥土及锈层覆盖，器物破碎为两部分，底部有残缺，存在严重变形。

依照行业标准及方案要求，修复前拍照记录，留取原始资料，并建立档案。这件洗的保护修复工作重难点是矫形和补配，首先需要对器物表面进行洁除，再根据胎体保存状况采取相应的矫形操作，最后需要对残缺部位补配完整，具体保护修复步骤如下：

1. 洁除：用去离子水、软毛刷、魔力擦等清洗器物表面灰尘、泥土及污垢，对于不影响纹饰或整体美观的硬质锈蚀物则不予清除。

2. 矫形：清洗完成后，使用扭压、顶撑及锤击敲打的方式，将垫在铁砧上的变形部位逐步矫正，注意用力和角度。

3. 粘接补配：依照铜洗的连接关系，以泥塑填补的方式在内部形成支撑，依照弧线关系在空缺处填补修复材料；修补材料为环氧树脂与固化剂，按5∶1调和，再加适量矿物颜料、滑石粉调至与文物本体相近的颜色；待修补剂完全固化后将多余部分打磨去除。

4. 封护：依照方案要求进行整体封护，用软毛刷蘸取2%的B72乙酸乙酯溶液均匀涂刷两次。

5. 作色：调出与器物表面相近的混合颜料，对粘接及补配的部位进行仿色作色处理，使器物整体颜色及形态尽量和谐一致。

6. 完善修复档案：进行修复后拍照，完善修复档案记录。

图3-16 东汉建初三年堂狼作双鱼纹铜洗保护修复前

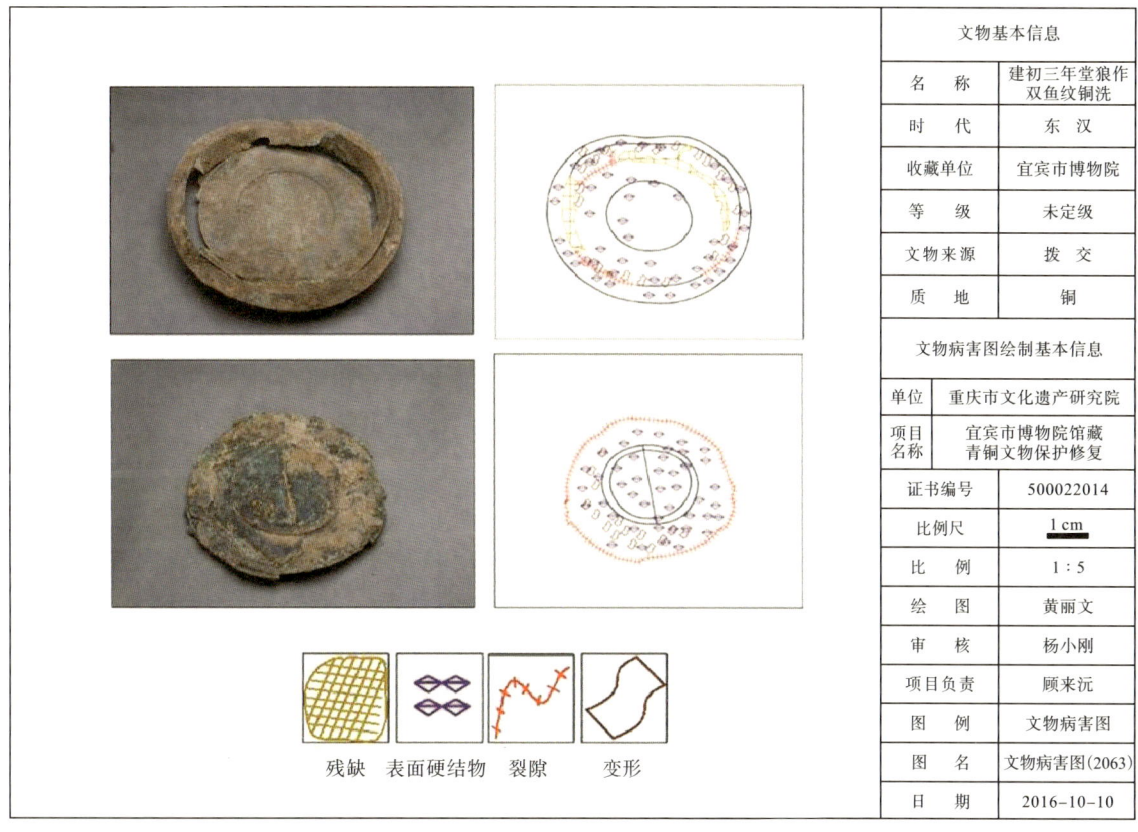

图3-17 东汉建初三年堂狼作双鱼纹铜洗文物病害图

第三章 青铜器的保护修复 069

图3-18 矫形

图3-19 完成补配打磨

图3-20 东汉建初三年堂狼作双鱼铜纹洗保护修复后

（二）西汉铜蒜头壶（文物编号：970）

壶口径3.5厘米，腹径22.0厘米，底径13.5厘米，高40.0厘米。蒜头形口，长直颈，鼓腹，平底，圈足。表面存在大量的泥土和表面硬结物，通体矿化严重，腹部有较大面积的残缺。

依照行业标准及方案要求，修复前拍照记录，留取原始资料，并建立档案。这件蒜头壶的保护修复工作重难点是补配：一是因为胎体矿化严重，稍有不慎容易造成更大面积的破碎；二是器形比较特殊，口小颈长，且腹部弧度较大，双手难以够到器物残缺部位的内侧。我们首先需要对器物表面进行洁除，再根据胎体保存状况采取相应的补配，具体保护修复步骤如下。

1. 洁除：用去离子水、软毛刷、魔力擦等清洗器物表面的灰尘、疏松的泥土及污垢，洁除过程中发现腹部有多处粉状锈，经检测为含氯的有害锈。

2. 有害锈转化：对于局部粉状锈的治理，首先用常规机械法，即用手术刀或尖头打磨机将锈点剔除，直到看到文物胎体为止，再用乙醇将腐蚀区域擦拭干净；然后用尖头棉签蘸取30%的过氧化氢溶液进行多次点涂，使深浅不同处的粉状锈彻底化学转化和清除，过氧化氢则分解成氧气和水，不会对器物有任何影响；观察3~5天后若无粉状锈继续爆发，则用2%的Paraloid B72丙烯酸树脂涂刷两遍，封护青铜器，使之与氧气、水分等隔开。

3. 补配打磨：将环氧树脂与固化剂按5∶1调和，再加适量矿物颜料、滑石粉调至与文物本体相近的颜色，依照弧线关系对残缺破损部位进行补配并加衬玻璃纤维布，待修补剂完全固化后将多余部分打磨去除，需注意器物的弧度和打磨时的力度。

4. 封护：对器物进行整体封护，用软毛刷蘸取2%的B72乙酸乙酯溶液均匀涂刷两次。

5. 作色：调出与器物表面相近的混合颜料，对粘接及补配的部位进行仿色作色处理，使器物整体颜色及形态尽量和谐一致。

6. 完善修复档案：进行修复后拍照，完善修复档案记录。

图3-21　西汉铜蒜头壶保护修复前

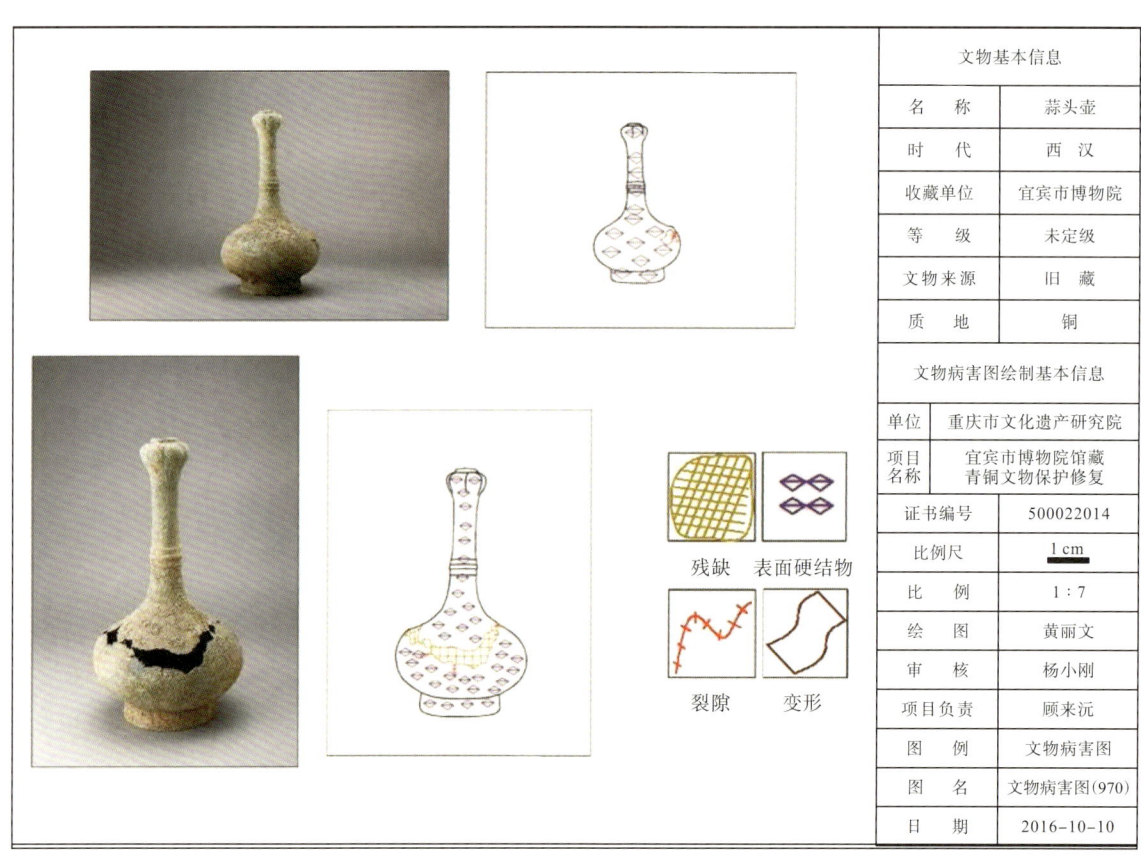

图3-22 西汉铜蒜头壶文物病害图

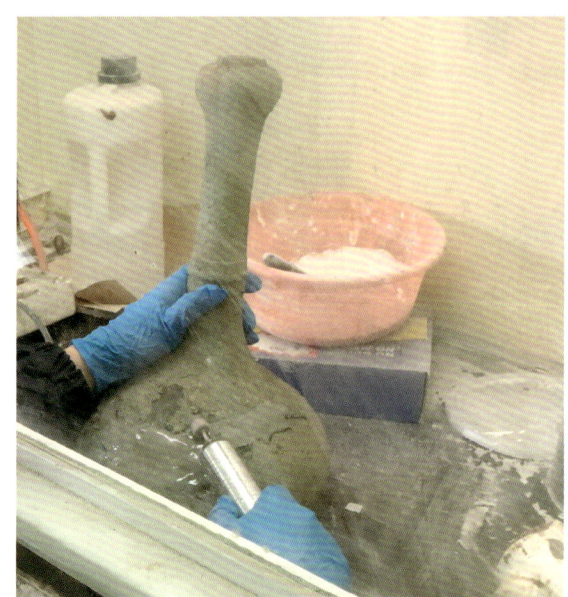

图3-23 补配

图3-24 打磨

图3-25 西汉铜蒜头壶保护修复后

二、青铜兵器

此次保护修复的兵器共32件,其中剑20件、矛2件、钺2件、刀1件、马刺7件。除战国铜剑(文物编号:972)、汉代铜马刺(文物编号:483)和东汉铜剑残件(文物编号:2422)有残缺外,其余基本为完整器,因此主要工作为表面泥土及硬结物的清理和封护。

(一)柳叶形铜剑

柳叶形铜剑是战国时期巴式青铜兵器中最具特征性的器物之一。

从形制特征看,全剑呈柳叶形,扁茎,无格,无首,斜肩,刃平直,有中脊,身茎连铸且无明显分界,茎部多双穿,也有单穿或无穿。剑长20~50厘米不等,以30~40厘米为多,剑宽一般在3~4厘米。目前发现的形制最长的巴式剑为重庆涪陵小田溪战国墓出土,通长66.5厘米。形制最短的巴式剑为成都新西门外枣子巷战国墓出土,通长14.4厘米。

从纹饰特征看,剑身常见纹饰主要有虎纹、虎斑纹、手心纹、水波纹、船纹、鸟纹、蝉纹、花蒂纹、鱼纹以及其他巴族图形符号或文字等。在剑上铸造巴蜀纹饰,形成独具特色的巴蜀式青铜剑。

其出土数量极多，分布范围极广，据初步统计，仅四川和重庆地区发现扁茎柳叶剑的地点就有数十处之多。此外，湖北的巴东、宜昌、江陵、荆门、襄阳，湖南的常德、益阳，贵州的威宁、赫章以及云南等地都有柳叶形青铜剑出土。

此次保护修复的2件柳叶形铜剑均为宜宾市博物院旧藏，其中1件剑柄和剑尖残缺断裂，且素面无任何纹饰，另1件剑尖完整，剑刃有磕口，剑柄缺失部分，剑柄的一面饰虎纹。由于这两件铜剑无具体的出土信息，未找到相同的器物作复原依据，因此只对这2件柳叶形铜剑进行表面泥土及硬结物的清理和封护操作。

图3-26　战国铜剑（文物编号：972）去离子水清洗　　图3-27　战国柳叶形铜剑（文物编号：2378）去离子水清洗

（二）饕餮纹铜矛

青铜矛是颇具时代和地方性特征的典型器物。巴蜀青铜矛在形制上也区别于内地同时代青铜矛。巴蜀相邻，交往频繁，其青铜文化自然颇多相近之处，对出土青铜矛的研究，有助于加深对巴蜀文化的认识。

战国铜矛（文物编号：980）长22.5厘米，宽2.7厘米，高2.7厘米。柳叶形，圆骸，骸两侧齐有一耳，骸上饰巴蜀符号。整体保存完整，只骸部有少许残缺，表面有较多硬结物和锈蚀产物将纹饰遮盖。我们首先对器物进行洁除，让表面的纹饰更加清晰可见；然后将环氧树脂与固化剂按5∶1调和，再加适量矿物颜料，调至与文物本体相近的颜色，利用环氧树脂按照器物形状对残缺部位补配完整，待修补剂完全固化后将多余部分打磨去除，并对补配的部位进行仿色做旧处理，使器物整体颜色及形态尽量和谐一致；最后用软毛刷蘸取2%的B72乙酸乙酯溶液均匀涂刷两次，完成封护保护。

图3-28　战国铜矛（文物编号：980）表面污染物及残缺

图3-29　战国铜矛（文物编号：980）保护修复后

战国饕餮纹铜矛（文物编号：2379）长19.5厘米，宽3.0厘米，高2.5厘米。直刃收锋，叶最宽处近叶底，叶下内弧与骹连接；骹微束腰，骹扣略凹；截面呈圆形，骹上有一鼻钮与棱相对，两侧中脊饰巴蜀符号。巴氏剑、戈、矛、钺等青铜兵器与虎纽錞于、编钟等青铜乐器是晚期巴族青铜文化的代表。此矛整体完整无残缺，表面有较多硬结物和锈蚀产物将纹饰遮盖。我们首先用去离子水、软毛刷、魔力擦等清洗器物表面灰尘及污垢，再利用洁牙机缓慢剔除纹饰部分的表面硬结物和

图3-30　战国饕餮纹铜矛（文物编号：2379）保护修复前后

第三章　青铜器的保护修复　075

锈蚀，让纹饰更加清晰可见，最后用软毛刷蘸取2%的B72乙酸乙酯溶液均匀涂刷两次，完成封护保护，完善修复档案记录。

（三）环首刀

与剑比较，环首刀有三个显著的特点：一是刀身单侧有刃，较之双面开刃的铁剑，简化了制作工艺；二是环形首与茎连锻，不装护格，外装比剑简单；三是以劈砍为主要功能，由于刀背厚实，劈砍较剑更为有力，且不易折断，这尤其适合步、骑兵战场格斗的需要。由此可见，环首刀是制作比较简便、功能更加实用的兵器，适合于成批制造、大量装备军队。

宜宾市博物院馆旧藏的这件东汉环首铜刀（文物编号：975）长61.0厘米，宽6.5厘米，厚0.6厘米。环首，直背，弧形刃。保存相当完整，仅表面覆盖有泥土和锈蚀物，为二级文物。保护修复工作主要为表面泥土及硬结物的清理和封护，清理后未发现表面有铭文或纹饰。

图3-31　东汉环首铜刀（文物编号：975）表面硬结物及保护修复前后

三、青铜镜

此次保护修复的铜镜共21件，涵盖唐、宋、明、清四个时代，唐代2件，宋代3件，明代12件，清代4件，其中三级文物5件。所有铜镜表面均有厚厚的污染物和锈蚀产物，除宋葵花形铜镜（文物编号：420）和明连弧纹铜镜（文物编号：902）存在不同程度的残缺外，其余19件保存比较完整。

因此保护修复工作主要分为两类：一类以清洗清洁为主，一类需要完成复原修复。

（一）唐海兽葡萄纹铜镜（文物编号：985）

编号为985的唐代海兽葡萄纹铜镜有一大一小2件，较大铜镜的尺寸为直径19.0厘米、厚1.0厘米，较小铜镜的尺寸为直径13.0厘米、厚1.0厘米。两件铜镜镜背均带钮，铸海兽葡萄纹，镜面修饰。器形保存完整，器表有大量泥土及锈蚀产物覆盖。

依照行业标准及方案要求，修复前拍照记录，留取原始资料，并建立档案。通过采集锈蚀样品检测未发现有害锈存在，故主要进行表面清洗清理及封护保护，具体保护修复步骤如下。

1. 去离子水清洗：铜镜胎体保存完好，可直接采用去离子水配合使用软毛刷清洗铜镜表面的灰尘及酥松泥土。

2. 超声波清洗：纹饰深处和隐蔽处毛刷无法触及，则采用超声波清洗机进一步清洗。利用超声波在液体中的空化作用、加速度作用对液体和污物直接、间接的影响，使污物层被分散、乳化、剥离而达到清洗目的。清洗介质为去离子水，清洗温度25℃。

3. 玛瑙刀清理：玛瑙刀，样式前平后尖，长短不一，柔韧又锐利，因材质坚硬柔韧，在古代的制作工艺里，一直被用来做金银器的抛光，并沿用到现在。此处采用玛瑙刀而非手术刀来清理铜镜表面的硬结物，主要是为了避免产生机械划痕。

4. 洁牙机清理：洁牙机是牙科常用的设备，被应用到文物清洗上的原理与清洁牙垢类似，通过缓慢、仔细的操作，达到剔除文物表面的硬结物和锈蚀的目的，让纹饰更加清晰可见。

5. 封护：用软毛刷蘸取2%的B72乙酸乙酯溶液均匀涂刷两次，完成封护保护。

6. 完善修复档案：进行修复后拍照，完善修复档案记录。

图3-32　唐海兽葡萄纹铜镜保护修复前

图3-33 去离子水清洗

图3-34 超声波清洗

图3-35 玛瑙刀清理

图3-36 洁牙机清理

图3-37 唐海兽葡萄纹铜镜保护修复后

（二）明连弧纹铜镜（文物编号：902）

编号为902的明连弧纹铜镜长10.9厘米，残宽6.2厘米，厚0.6厘米。整体呈黑色，较光泽，仅存半块，镜背有一穿孔圆钮，镜面内圈饰连弧纹，外饰一周铭文。

按照行业标准及方案要求，修复前拍照记录，留取原始资料，并建立档案。这件铜镜纹饰、铭文清晰可见，保护修复的重难点是对残缺部位的复原。虽然残缺面积较大，但根据铜镜左右对称的原理，可以相互依照，拿印模材料在纹饰完整的部位翻模，用树脂浇制出纹饰块，然后截取相应的部位，将残缺处补配完整。具体保护修复步骤如下。

1. 洁除：使用无水乙醇对铜镜表面的灰尘及污垢进行清理，铜镜背面残留的胶粘物则采用丙酮贴敷的方法去除。

2. 翻模：由于此铜镜背面的纹饰较细致，为保证质量，我们主要采用硅橡胶翻模。首先把待翻制的铜镜放在一个平板上，用软油泥围成一个圈。注意把边沿封堵好，以防硅橡胶流出。根据实际需要的重量，按比例分别称取硅橡胶和固化剂，混合在一起；然后在镜体上涂好脱模剂，把调好的硅橡胶浇在围好的方框内，待硅橡胶固化后就可进行浇注。

3. 浇注：先在模具里涂上洗手液或类似的用于脱模具的液体，再把调好的914树脂均匀倒入做好的模具里，因铜镜的背面是平整的素面，用板子压在模具上即可。待树脂固化后，取下模具，铜镜翻模补配缺失的步骤就基本完成。

4. 粘接：先打磨翻模样块的断裂边，使其与铜镜本体互补，再将双组分环氧树脂胶涂抹在翻模样块和原铜镜的断面，采用夹具固定静置，用丙酮擦拭缝隙边缘处溢出的胶液。

5. 打磨：缺失补完后，补充部分和原来粘接处会有不平的地方，采用砂纸将多余部分打磨去除，青铜镜面的平整度在铜器修复中要求是比较高的，几乎不能有任何不平整的地方。打磨这一步要重复多次，直到修复的地方平整得如未修复部分一样。

6. 雕刻：对于部分纹饰翻模出来不清晰的地方，采用雕刻机进行雕琢。

7. 作色：铜器修复中，调色的准确与否直接关系到修复的质量。一般来说，一件作品要由浅到深多次上色，重复叠加，逐步接近原器的颜色。青铜器整体呈黑漆古色，黑中透红，又有微黄色和微绿色，我们用虫胶漆片乙醇溶液作黏合剂，加上矿物颜料，由浅到深，使颜色逐步接近原器的颜色。

8. 封护：整体用软毛刷蘸取2%的B72乙酸乙酯溶液均匀涂刷两次。

9. 完善修复档案：进行修复后拍照，完善修复档案记录。

图3-38 明连弧纹铜镜保护修复前

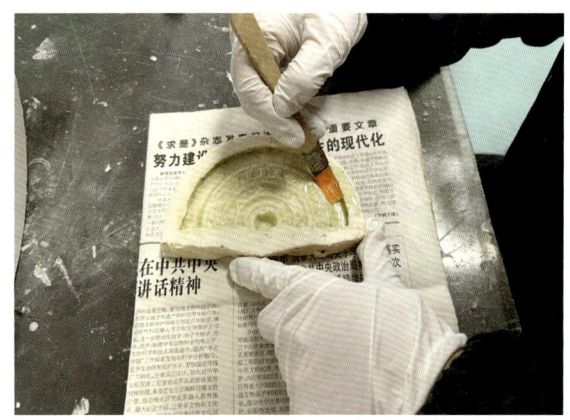

图3-39 翻模

图3-40 样品断面打磨

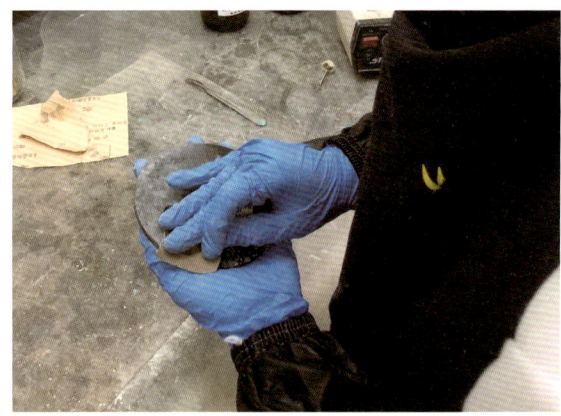

图3-41 镜面打磨

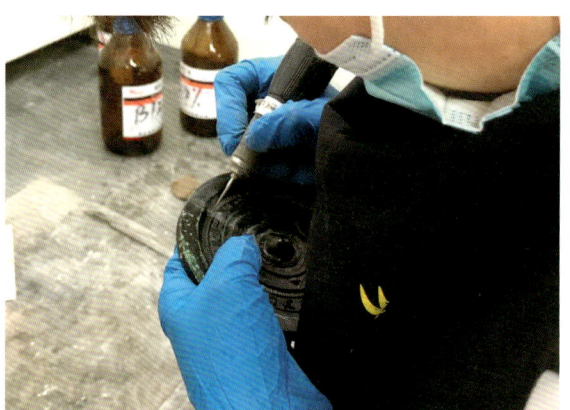

图3-42 雕刻

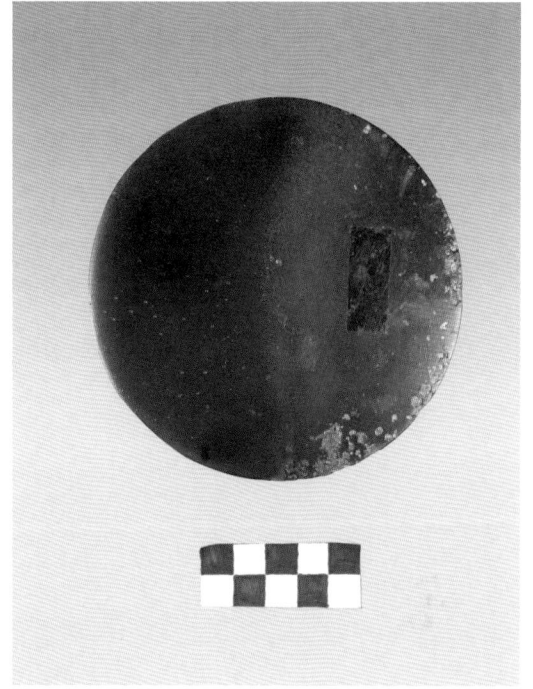

图3-43 明连弧纹铜镜保护修复后

四、青铜乐器

该项目仅涉及乐器8件，其中宋代铜鼓1件、清道光二十五年铜鼓1件、宋铜锣镲3件、清代铜铃2件、清代铜磬1件，均为宜宾市博物院旧藏。除清道光二十五年铜鼓（文物编号：577）和宋铜锣镲（文物编号：424）有残缺外，大部分器形完整。

古代乐器，按用途可分为两类：祭祀、宴会、举行典礼时使用和军队中使用。青铜乐器大致可分铙、钲、句镯、铎、铃、钟和鼓等七类。铜鼓在古代用于战争中指挥军队进退，也常用于演奏音乐或伴奏舞蹈，亦作为礼器，用于祭祀、仪典等活动。主要流行于云南、广西、广东、贵州、四川及湖南等地，并传播至东南亚。制作年代大约始自春秋，经战国、秦汉、唐宋，至明清。铜鼓依其流行地区和形制式样的不同，一般可分为滇系和粤系两大类型。滇系铜鼓形体较小，鼓面直径基本在1米以内，鼓面小于鼓身，胸部膨大突出，花纹多用平弧分晕，晕圈有宽窄主次之分。粤系铜鼓较之滇系形体高大厚重，铸造精良，鼓面大于鼓胸，腰部微束，足部有一道突棱。铜鼓常见的纹饰有太阳纹、蛙纹、鹭鸟纹、舞蹈纹、竞渡纹和雷纹。铜鼓是中国古代悠久而灿烂文化的结晶，是中国先民智慧的象征，它具有东方艺术的特色，是世界文化艺术宝库之珍藏。

（一）铜鼓（文物编号：577、1464）

清道光二十五年铜鼓（文物编号：577）直径49.0厘米，高26.0厘米，重18240.0克。鼓身三段分明，上有四扁耳，鼓面饰十二芒太阳纹，有两圈乳钉纹等纹饰。边缘有少量孔洞及残缺，缺失一耳。

宋代铜鼓（文物编号：1464）直径44.0厘米，高28.0厘米，重10940.0克。器型及纹饰与清道光二十五年铜鼓（文物编号：577）非常相近，鼓身三段分明，上有四扁耳，鼓面饰十二芒太阳纹。该鼓保存相对更加完整，仅鼓面与侧面有三个孔洞及少量裂隙，表面有较多的污染物。

按照行业标准及方案要求，修复前拍照记录，留取原始资料，并建立档案。这两件铜鼓的保护修复工作以清洗、清洁为主，让纹饰更加清晰可见，同时通过翻模补配的方式复制一扁耳，并将其余的孔洞及残缺部位修复完整。具体保护修复步骤如下：

1. 整体洁除：使用50%的乙醇溶液对两件铜鼓表面的灰尘以及污染物进行清理。

2. 翻模：根据观察发现，同一铜鼓的扁耳，其形状及纹饰基本相同，可以相互依照。因此我们采用硅橡胶翻模的方法在相邻的一只扁耳上翻模，用速成铜修补剂印制出扁耳的形状，然后截取复制件相应的部位，通过粘接的方式将残缺的扁耳补配完整。黏接剂选用双组分环氧树脂胶，通过滴注的方式灌入连接处，待彻底固化后将多余的部位打磨去除。

3. 补配：针对两件铜鼓不同的残缺部位，分别选用两种部位材料。边缘大面积的补配，选用美国进口的普施QUIKCOPPER速成铜胶棒，该修补剂为胶泥状，对铜与铜合金有强烈的粘接效果，青铜器修复中经常使用此产品补配，可以翻模补配、捏塑补配，运用范围广，固化后可直接进行打磨修整。铜质修补剂作为青铜器粘接、补配材料，具有无毒、不溶解、硬度高、固化快以及固化后不收缩等优点。对于小孔洞及裂隙的补配，我们则选用流动性好、渗透性强的环氧树脂修补剂，将环氧树脂与固化剂按5∶1调和，再加适量矿物颜料、滑石粉调至与文物本体相近的颜色，对残缺破损部位进行补配，待修补剂完全固化后将多余部分打磨去除。

4. 封护：依照方案要求进行整体封护，用软毛刷蘸取2%的B72乙酸乙酯溶液均匀涂刷两次。

5. 作色：调出与器物表面相近的混合颜料，对粘接及补配的部位进行仿色做旧处理，使器物整体颜色及形态尽量和谐一致。

6. 完善修复档案：进行修复后拍照，完善修复档案记录。

图3-44 清道光二十五年铜鼓（文物编号：577）保护修复前

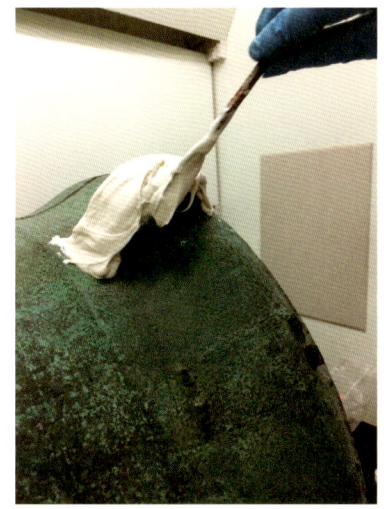

图3-45 翻模　　　　　　　图3-46 补配　　　　　　　图3-47 打磨

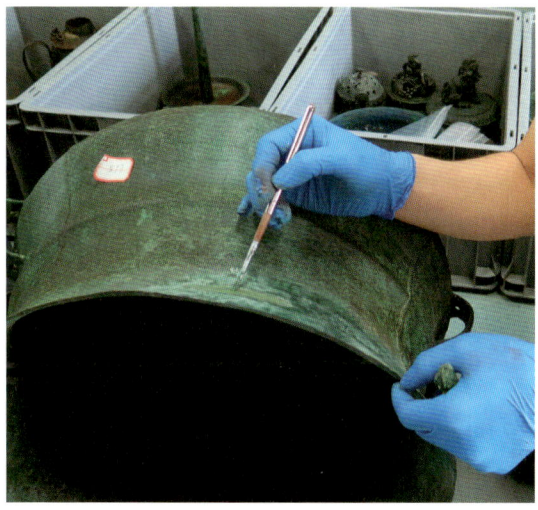

图3-48 喷涂作色　　　　　　　　　　图3-49 笔涂作色

第三章　青铜器的保护修复　083

图3-50　清道光二十五年铜鼓（文物编号：577）保护修复后

图3-51　宋代铜鼓（文物编号：1464）保护修复前　　图3-52　宋代铜鼓（文物编号：1464）保护修复后

第四章
Chapter Four

文物清洗研究

清洗是文物保护过程中最基本的步骤，是指使用物理或化学的方法来去除文物上妨碍展示、研究或保存的附着物，是一个消除文物外在不利因素的步骤。金属文物清洗最常用的方法有机械清洗法和化学清洗法。机械清洗使用的工具十分广泛，包括软/硬毛刷、棉签、竹刀、竹签、手术刀等手动工具，以及微型电动打磨机、雕刻机、超声波清洗机、医用洁牙机、蒸汽清洗机和激光清洗机等电动工具。使用机械清洗需要严格控制清洗力度，建议由有经验的人员进行操作。化学清洗则泛指使用各种化学试剂来完成清洗工作。当使用机械方法清除困难时可以使用化学清洗方法，根据清洗方案配制化学清洗液，使用棉签或毛刷擦洗附着物。如附着物较为顽固或需要软化处理，则可将吸收了化学试剂的脱脂棉、宣纸或吸墨纸等贴敷于附着物表面一段时间后清洗。使用酸性清洗液后应仔细进行中和处理和清洗。如文物结构强度较大，矿化程度较轻，也可以进行整体浸泡或超声波震荡浸泡清洗。

不论采用何种方式进行清洗，基本过程和原则是相同的。一般遵循"由外及内，先疏松后致密"的原则，即清洗需要从外层到内层，先清除疏松的附着物，后清除较为致密的附着物。

文物清洗需要制定操作方案，即确定哪些附着物要去除、去除采用的方法、使用的材料及工具。具体使用什么方法去除哪些附着物，根据文物的状态不同，清洗方案也略有差异。制定金属文物清洗方案一般分以下步骤。

首先，文物性状分析是了解文物现状与保存历史的重要环节，可通过调阅文物保存处理档案和仪器分析，了解文物所经历的人工干预方式和过程、表面附着物性质和文物整体结构状态等信息，为清洗方案的制定提供依据。特别是在进行清洗操作前应对金属文物的结构稳定性、制作工艺特点和矿化程度进行分析，如使用X射线透射对文物的矿化程度和内部状态进行了解，以避免清洗操作对文物造成破坏，尤其要注意文物表面是否有鎏金或贴金层、是否有彩绘、是否存在使用其他材料镶嵌装饰的现象。

其次，根据文物性状分析的结果，针对不同附着物类型选择合适的清洗剂和清洗方式，之后需进行微区试验和方案修正。

微区试验，指正式开展清洗操作前应在文物表面小面积区域进行测试，评估清洗效果，必要时采取科学检测分析，确保对文物无危害。

方案修正，是指根据微区试验效果，修正和改进清洗配方或工艺。

第一节　清洗研究对象：金饰文物

这批青铜器中有7套（件）文物较为特殊，分别为鎏金器3件、鎏金鎏银器1套（2754件）、贴金器2件、描金器1件，主要根据金层厚度以及显微观察分析判断。器物类型有佛像、容器和饰件三类，以佛像为主。除1件东汉鎏金铜鉴（文物编号：1985）为出土器外，其余全部为完整的传世器物。保护修复工作以清洗表面污染物和锈蚀产物为主，我们根据文物的本体材质、污染物种类及保存状况选择不同的清洗方法和材料工具，并开展了相关的清洗研究。

金作为一种化学性质非常稳定的贵重金属，在古代是权势和富贵的象征。早在两千多年前，我国古代工匠就发现并掌握了金元素及其合金的某些优良的物理、化学特性，并利用这些特性创造出各种金饰工艺，如鎏金、贴金、包金、镶金、描金等。这些金饰器物具有金器的光泽面貌，且能长久保持美丽的光泽，广受欢迎和喜爱，人们的爱美之心和金自身所具备的这些优势促使各项金饰工艺快速发展。

鎏金是我国古代一种传统的金属装饰工艺，是将金和水银合成金汞剂，涂在器物表面，然后加热使水银蒸发，金就附着在器面不脱。汉代称"金涂"或"黄涂"，唐代称"镀金"，近代称"火镀金"。鎏金工艺始于春秋战国，到了汉代已相当成熟，汉代以后的各个时代也都有广泛运用，大量出土的鎏金文物成为有力的历史证据。而现代所称的"镀金"，作为一种装饰工艺只有短短不到两百年的历史，一般分为化学镀金和电镀金两种方法，两种方法都存在高氰化物体系、低氰化物体系和非氰体系。镀金分为两类，一类是同质材料镀金，另一类是异质材料镀金。同质材料镀金是指对黄金首饰的表面进行镀金处理，提高首饰的光亮度及色泽；异质材料镀金是指对非黄金材料的表面进行镀金处理，如银镀金、铜镀金，欲以黄金的光泽替代材料的色泽，从而提高物品的观赏效果。目前大多数的艺术品、珠宝首饰、高贵装饰和精密工件等都采用镀金技术。

贴金工艺历史十分悠久，简单来说这种工艺就是将黄金打造成薄如蝉翼的金箔，再将金箔贴在各种物体上。如《天工开物》记载贴金工艺云："凡色至于金，为人间华美贵重，故人工成箔而后施之。"很多皇宫寺庙的雕梁、佛像及内部其他结构都常常采用表面贴金工艺，这种方法经济又实用。具体来说，为了衬托黄金色调，往往先在器物表面涂一层黄色桐油或朱漆，再粘贴金箔，最后用毛笔轻压，让金箔完全粘贴在桐油或朱漆上，贴金就基本完成。

包金指的是将金或银等捶成薄片，包覆于胎体上，再以锤敲打密实，使凹凸纹理一如胎体表面即成。薄的包金用金箔，主要作豪华装饰物和建筑的装饰，与贴金有些相似；厚的包金用金片，这种工艺往往用于大型金属工艺品和一些首饰外部的制作。

描金又称"泥金画漆"，起源于战国时期，是一种传统工艺美术技艺。即在漆器表面用金色描绘花纹的装饰方法，常以黑漆作地，也有少数以朱漆为地，也称"描金银漆装饰法"。沈福文《漆工资料》详细具体地介绍了描金漆装饰的制作过程："将打磨完的素胎涂漆，再髹涂红色漆或黑漆……薄描花纹在漆器面上，然后放入温室，待漆将要干燥时，用丝棉球着最细的金粉或银粉，刷在花纹上，花纹则成为金银色。"

第二节 清洗研究

一、保存状况

四川宜宾地区属于亚热带潮湿气候，全年温差大、湿度高，特别是夏秋两季，湿度更高达70%~90%，对金属类文物的影响非常之大。此外，根据器物表面覆盖的污染物厚度及锈蚀情况可以判断，大部分器物被征集到宜宾市博物院后因早年文物保护经费不足、保存条件相对简陋，常年遭受各种污染物的损害，如度母像表面锈迹斑斑，只有极少部位露出鎏金层，部分鎏金层已开始脱落，贴金层更是剥落非常严重。这些金饰器物主要病害情况如下表。

表4-1 文物主要病害情况

序号	文物编号	文物名称	主要病害情况	备注
1	1985	东汉鎏金铜鉴	泥土及锈蚀产物，部分瘤状物已将胎体锈蚀穿孔	部分鎏金层脱落
2	2748	清鎏金铜佛像	表面污染物及锈蚀产物	部分鎏金层脱落
3	969	清铜鎏金度母像	表面污染物及锈蚀产物	部分鎏金层脱落
4	531	清铜鎏金鎏银战袍饰件	表面污染物、锈蚀产物、断裂、变形	部分鎏金鎏银层脱落
5	508	清关帝铜像	表面污染物、锈蚀产物、残缺、变形、有害锈	贴金层大部分已剥落
6	505	清描金观音铜坐像	表面污染物	保存完整
7	1035	近代贴金铜像	表面污染物及锈蚀产物	贴金层大部分已剥落

二、显微观察

为清楚了解这些金饰器物的本体材质和锈蚀物特征，制定科学的清洗方案，在不破坏文物的前提下，采用超景深三维视频显微镜（德国蔡司Smartzoom 5）对其进行了观察。通过超景深三维视频显微镜观察发现各种污染物及锈蚀产物叠压堆积，最厚处可达1~2毫米，局部裸露的鎏金层表面存在规则的划痕，鎏金鎏银层极薄，锈蚀物透过微孔出现在鎏金层表面，大大减弱了其附着力。

（一）东汉鎏金铜鉴（文物编号：1985）

该鎏金铜鉴于2010年宜宾市临港经济开发区螺丝坡发掘出土。口径22.4厘米，腹径20.5厘米，高9.5厘米。侈口，宽沿，圆腹，平底，腹部饰有两个对称铺首衔环，其中一环缺失。内外及环皆鎏金，表面覆盖了大量的硬结物及锈蚀产物，只有部分鎏金层明显可见。超景深三维显微观察发现部分瘤状物已将胎体锈蚀穿孔。

图4-1　东汉鎏金铜鉴清洗前

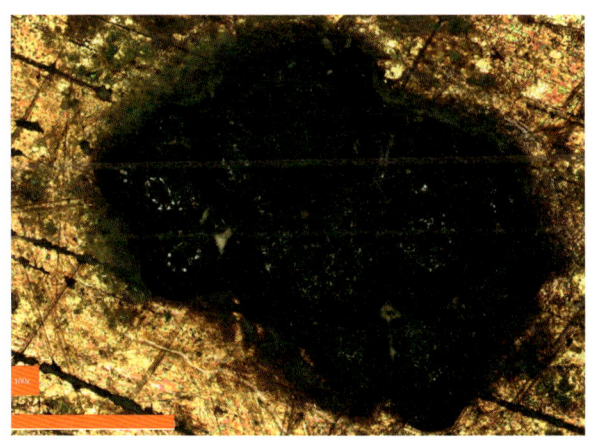 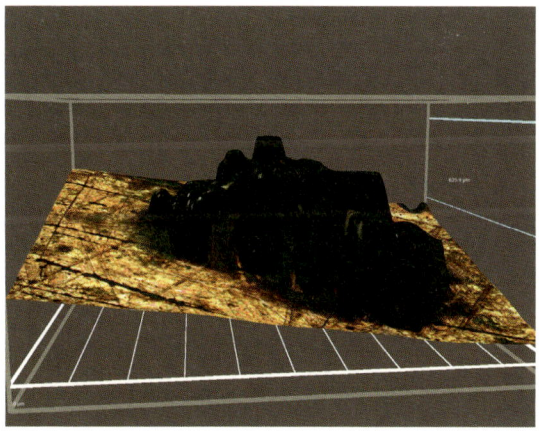

图4-2　东汉鎏金铜鉴表面瘤状物超景深三维显微照片

（二）清鎏金铜佛像（文物编号：2748）

该佛像为宜宾市博物院旧藏。宽8.4厘米，厚5.5厘米，高13.4厘米。佛像结跏趺坐在莲花座上，披袈裟，袒露右肩，手作禅定印状，螺发。佛像表面有厚厚的污染物和锈蚀产物，部分鎏金层已明显脱落。超景深三维显微照片显示污染物和锈蚀物完全混合在一起。

图4-3 清鎏金铜佛像清洗前

图4-4 清鎏金铜佛像污染物及锈蚀物显微照片

(三)清铜鎏金度母像(文物编号:969)

该造像为宜宾市博物院旧藏。通高48.0厘米,座高12.0厘米。度母站像,下为莲花座,头饰花冠,裸体,披几道璎珞;赤足,右虚步,略侧身站立,身段曲线分明,颇富韵味;手平胸施说法印,左手下垂,指呈莲花状。造型富有曲线,有强烈美感。器形完整,通体鎏金,推测其常年遭受各种污染物的损害,因此只有极少部位露出其原有的鎏金层,且部分鎏金层已开始脱落。

图4-5　清铜鎏金度母像清洗前

图4-6　清铜鎏金度母像污染物及锈蚀物显微照片

（四）清铜鎏金鎏银战袍饰件（文物编号：531）

该饰件为宜宾市博物院旧藏。饰件共有2754件，形状、大小规格不一，最大者长14.7厘米、宽11.2厘米，最小者直径0.4厘米，大者有圆形、长方形、花瓣形等，多饰有龙纹、鱼纹、花卉纹等，小者多铸为单体的花朵、珠宝等，最小者为数百件形制大小一致的泡钉形饰件。大部分为鎏金器，少量为鎏银器，主要病害有表面污染物、锈蚀产物、断裂和变形。超景深三维显微观察发现部分饰件表面有明显划痕，且部分鎏金、鎏银层已起翘或脱落。

图4-7 清铜鎏金鎏银战袍饰件纯水清洗前

图4-8 清铜鎏金鎏银战袍饰件纯水清洗后

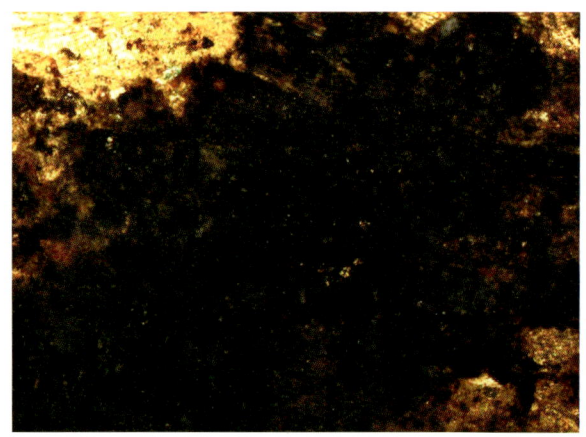

图4-9 清铜鎏金鎏银战袍饰件鎏金层显微照片

图4-10 清铜鎏金鎏银战袍饰件鎏银层显微照片

（五）清关帝铜像（文物编号：508）

该铜像为宜宾市博物院旧藏。长9.0厘米，宽18.0厘米，高27.0厘米。铜胎，侧身站立，头戴帽，怒目，长须，身披战袍，左手握刀，仅存刀柄，右手前伸。表面覆盖有锈蚀和泥土附着物，后面战袍有少量缺失和变形。通过超景深显微镜可以观察到少量的金箔层及底部的朱砂，金层剥落后的表面锈蚀均匀，因此推测为贴金工艺。

图4-11　清关帝铜像清洗前

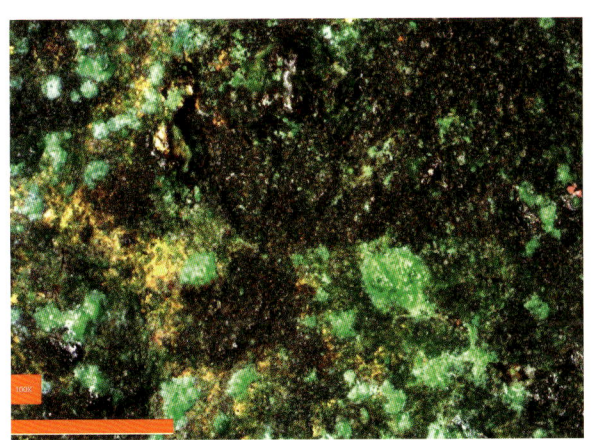 

图4-12　清关帝铜像污染物及红色颜料

（六）清描金观音铜坐像（文物编号：505）

该观音铜坐像为宜宾市博物院旧藏。长18.0厘米，宽16.5厘米，高29.5厘米。观音头带三叶冠，冠带下垂至肩，束高髻，面部圆润，眼睛若睁若闭，神态端庄；身披袈裟，戴项饰，箕坐，右腿弯曲，左腿趺坐于台座上；观音右手持佛珠，放于弯膝上，左手结印，左手一侧放置净瓶，净瓶后站立一只仙鹤，观音左右两侧均站立侍前童子，右侧童子双手合十，左侧童子双手捧物，坐台呈半圆形，饰乳钉纹等图案；观音像和底座为空心，背部有一四方形孔，孔下有方形挂扣。

观音像底座肉眼观察有明显裸露的朱漆，显微镜观察到金层剥落后底部有黑漆，而头发部位金漆上又覆盖一层黑漆，且金层有涂刷印迹，无任何鎏金或贴金的痕迹，推测为描金工艺。

图4-13　清描金观音铜坐像清洗前及显微照片

（七）近代贴金铜像（文物编号：1035）

该佛像为宜宾市博物院拨交。宽9.8厘米，厚4.2厘米，高15.7厘米。坐像面容端庄，有须髯；着官帽、长袍、有披肩，双手握笏于胸，像中空。表面覆盖有污染物和锈蚀物，金层大部分脱落。超景深三维显微观察到厚度较大的金箔层及底部的朱砂，金箔层上无划痕但有很多微小的裂隙，剥落后器物表面锈蚀均匀，推测为贴金工艺。

图4-14　近代贴金铜像清洗前

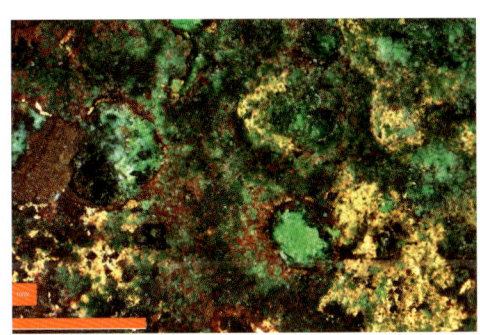 

图4-15　近代贴金铜像锈蚀物及贴金层显微照片

三、清洗实验

根据这批器物的本体和病害状况，保护修复以清洗污染物为主，要尽可能选用对文物本体干扰小的方法和材料，尽量避免对鎏金、贴金层等造成损害。清洗是一个重要且不可逆的操作，遵循"由外及内，先疏松后致密"的原则，若金层非常脆弱，则只做简单清洗，不做除锈。针对宜宾市博物院馆藏的这一批金饰器物存在表面污染物的严重病害情况，在前期多年的鎏金器分析研究和保护修复经验基础上，我们根据不同的器物状况分别采取了不同的清洗措施，一方面减缓了各类污染物对文物造成危害，消除潜在的病害；另一方面充分恢复了文物的原有面貌，使文物更加协调美观，有利于观赏，更好地展现其艺术价值。

（一）清洗方法

1. 表面疏松泥土及污染物的清洗

对于器物表面疏松泥土等附着物，可直接使用竹签、手术刀等工具小心剔除，接近器物表面时停止操作；接着使用滴管吸取50%乙醇水溶液滴在脱脂棉上，并将其贴敷在器物表面干硬的泥土上，待充分润湿软化后，将泥土用竹签轻轻剔除，重复操作，直至干硬的泥土全部去除；然后使用毛笔将器物表面的浮土清洗干净，如果发现器物内外壁均无朱砂等特殊痕迹，器物胎体状况较好，也可将器物整体放入容器内，用软毛刷轻轻刷洗，并辅以超声波震荡去除器物表面浮土；最后清洗干净之后，将器物静置晾干。

2. 硬结物及锈蚀物的清洗

针对硬结物及锈蚀物的清洗，目前常用的方法有机械法、化学法、激光法等，每一种清洗方法均有其优缺点和适用范围。

机械清洗法主要选用竹签、手术刀、玛瑙刀等进行洁除。优点是操作简单，方便灵活，使用范围广。但很多牢固的硬结物和锈蚀物难以用机械法去除，且操作不当非常容易留下划痕。

化学清洗法是指使用各种化学试剂来完成清除工作，当物理方法清除困难时可以使用化学方法。化学清洗最明显的优点就是不会产生机械划痕，成本低，操作方便，效率高。化学清洗法也是鎏金青铜文物清洗最常用的方法。一般来说，选用温和、安全、环保、有针对性的一种或多种化学清洗试剂，能快速有效地去除器物表面的污染物及锈蚀物，且不会留下任何机械划痕或激光灼烧痕迹，从而达到清除物体表面污垢的目的。

激光清洗法主要是通过激光洁除技术完成清除工作，即利用激光脉冲的振动、粒子的热膨胀、分子的光分解，或相变三种作用，或它们的联合作用克服污染物与基体表面之间的结合力，使污染物脱离表面而达到清除的目的。激光清洗作为一项新兴的表面清洁技术，具有很多独特的优点，如清洗精度高、控制性好、与工作物质无接触等，在某些情况下优于传统的清洗技术。当然，虽然激光除锈的优点显著，但在实际应用中激光除锈也存在自身的缺陷，比如可能由于能量过高对青铜基体产生灼烧、不适用于大型的青铜器、无法单独使用除去较厚的锈层等。

（二）清洗材料

通过前期的显微观察，我们发现宜宾市博物院这批特殊器物表面有多种混合物堆积，清洗难度较大。我们最初选取了小范围区域开展试验，多次尝试用去离子水进行清洗，发现污染物和锈蚀物均难以去除，几乎没有任何清洗效果。因此针对这批器物不同的污染物及锈蚀物，主要选用了四类化学清洗材料。

第一类是有机溶剂，如贴金铜像、描金观音像及点翠头簪饰件等不能水洗的器物，主要选用有机溶剂进行清洗，无水乙醇和丙酮等可以有效去除器物表面灰尘及有机质污染物。

第二类是有机弱酸，主要是软化顽固性表面污垢及硬结物。分别选用从菠菜、葡萄和柠檬中提取的草酸、酒石酸和柠檬酸等有机弱酸，这些有机弱酸具有纯天然、环保、安全等优点。从其分子结构可以看出，酒石酸除具有弱酸性外，还具有优良的螯合作用。

第三类是金属离子螯合剂，属于偏中性的溶剂。主要选择EDTA、EDTA-2Na和六偏磷酸钠，因为这三种物质的特殊分子结构能与Mg^{2+}、Ca^{2+}、Fe^{2+}、Cu^{2+}等金属离子进行螯合，生成可溶性络合物，从而达到清洗除锈的目的，安全性高。此外，EDTA、EDTA-2Na广泛应用于日用化学品、食品及药品等行业，也是重要的酸度调节剂。

第四类是表面活性剂，用于去除器物表面的黑色油烟渍。主要原理是把器物表面的灰尘及污垢等进行包裹，然后利用亲水亲油官能团来进行分离，最后用水，就可以将包裹着油脂、污垢的表面活性剂一起冲洗干净。此次主要选择了两种较常见的表面活性剂：十二烷基苯磺酸钠和月桂酸钠。

（三）清洗方式

化学清洗的方式主要有浸泡和贴敷两种，贴敷法是目前最常用的方法。将化学试剂用一种或多种多孔的吸附材料承载，然后贴敷在文物病害处，可以只对有污染的部位实施针对性清洗，不仅作用面小，操作可控，而且能抑制化学试剂流淌和向文物本体深处渗透。吸附材料有纤维素类、多孔材料、凝胶胶体等，此次主要采用纯天然高分子纤维素作为贴敷材料。

（四）清洗操作

1. 贴金铜像和描金观音像的清洗

贴金铜像和描金观音像的红底颜料遇水即化，因此只能用棉签蘸取无水乙醇或丙酮轻轻擦拭表面污染物。

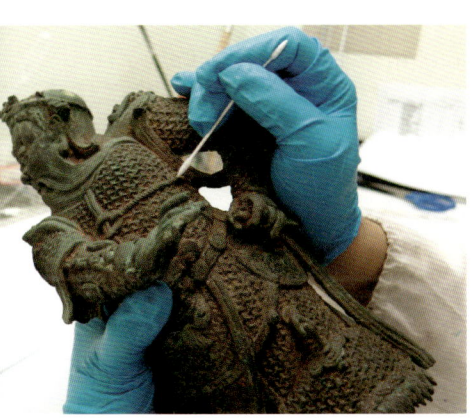

图4-16 清关帝铜像

（文物编号：508）清洗

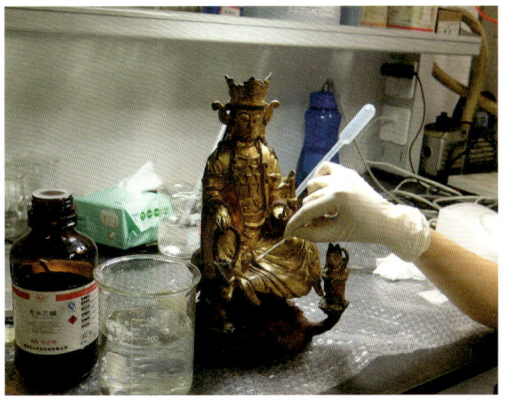

图4-17 清描金观音铜坐像

（文物编号：505）清洗

图4-18 近代贴金铜像

（文物编号：1035）清洗

2. 鎏金青铜器的清洗

首先，采用去离子水清洗表面灰尘及可溶性污染物，静置晾干。

其次，配制不同浓度的酒石酸、EDTA-2Na和十二烷基苯磺酸钠溶液备用，在文物背面不明显的部位选取小部分区域开展试探性对比试验，采用贴敷的方法评估清洗效果。贴敷采用纯天然高分子纤维材料为载体，低浓度的酒石酸、EDTA-2Na和十二烷基苯磺酸钠溶液为清洗剂。EDTA-2Na是一种良好的螯合清洗剂，用螯合剂夺取文物表面硬结物和锈蚀产物中的阳离子，形成溶于水的螯合物，而锈蚀产物中的阴离子则与螯合剂中的钠离子形成新的可溶性钠盐，最后用清水洗去。酒石酸除了具有螯合作用外，还有一定的弱酸性。十二烷基苯磺酸钠则是一种十分常用的表面活性剂，具有较强的去污能力。

通过大量的对比和清洗试验，我们发现这批鎏金器最佳的清洗配方是1%的酒石酸、1%的EDTA-2Na和4%的十二烷基苯磺酸钠，其中酒石酸和十二烷基苯磺酸钠对黑色污垢去除效果较好，而EDTA-2Na则与锈蚀物反应明显。

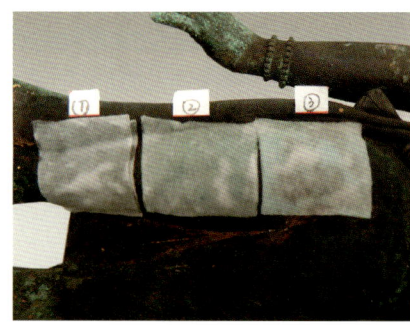

图4-19 黑色污染物小范围试验

图4-20 蓝绿色锈蚀小范围试验

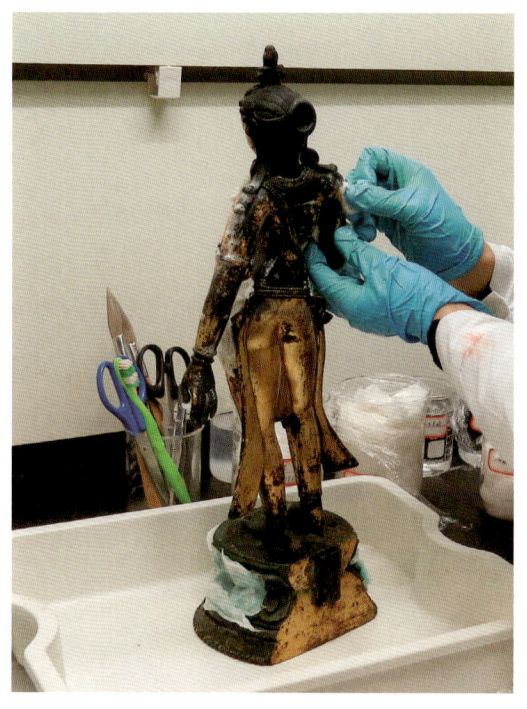

图4-21 清铜鎏金度母像
（文物编号：969）清洗过程

图4-22 清鎏金铜佛像
（文物编号：2748）清洗过程

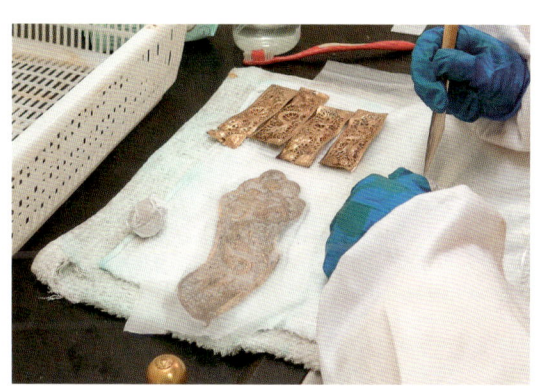

图4-23 清铜鎏金鎏银战袍饰件（文物编号：531）清洗过程

图4-24 东汉鎏金铜鉴（文物编号：1985）清洗过程

第四章 文物清洗研究　099

四、跟踪观察

在清洗过程中，为了更进一步评估清洗配方的安全性和有效性，以便后期调整清洗方案，对局部清洗后放置30天，定期用便携式显微镜观察清洗部位及鎏金层颜色变化，没有发现氧化变红或产生副反应，证明该清洗配方是安全可行的。

经过近一年清洗工作，这批通体被大量厚污染物及锈蚀物覆盖的金饰文物露出了原有面貌，取得了比较满意的效果。对于鎏金或贴金层已经剥落的区域，只做简单的去离子水洗或有机溶剂清洗，保留了其稳定的蓝绿色锈蚀。清洗完成后，将这批器物保存在恒温恒湿库房，从中期（3个月）与长期（1年）的观察监测效果来看，金饰表面依然金光灿灿，如刚清洗完成后模样，也没有新的明显锈蚀产生。

第三节　装饰层显微分析及厚度检测

一、显微分析

清洗完成后，利用超景深三维视频显微镜观察这批器物表面的微观形貌。通过显微观察，可以明显地发现很多不同之处。

图4-25中清铜鎏金度母像、图4-26中清鎏金铜佛像和图4-27中东汉鎏金铜鉴的鎏金层并非想象中的平滑和致密，而是有众多高低起伏的划痕及大小不一的微孔。这些划痕可以分为两类：一类方向一致、较平滑整齐，这是当初制作鎏金层时需要反复压刮留下的原始加工痕迹；另一类杂乱无章、比较锋利尖锐，这是在后期使用或清洗过程中留下的。造成两类划痕的根本原因是金的硬度很低，只要用比它坚硬的东西接触它，都非常容易留下划痕。图4-25中金层与铜胎之间有一层红棕色物质，由于太过微小，无法取样，推测可能为氧化亚铜。在拍摄三维合成照片时发现，若保持底面水平，那么可以通过调节合成景深焦距或合成照片的数量，大致判断鎏金层的厚薄，在肉眼和显微镜下观察发现越亮、越致密的鎏金层，其金层厚度也相对越大。

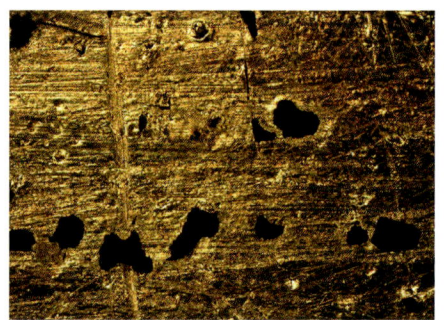

图4-25　清铜鎏金度母像（文物编号：969）清洗后及显微照片

图4-26　清鎏金铜佛像（文物编号：2748）清洗后及显微照片

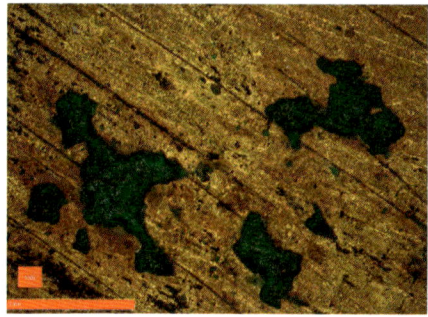

图4-27　东汉鎏金铜鉴（文物编号：1985）清洗后及显微照片

图4-28和图4-29中两件铜像均能明显观察到厚度较大的金箔层及底部的朱漆，金箔层上无划痕但有很多微小的裂隙，剥落后器物表面锈蚀均匀，为典型的贴金工艺。

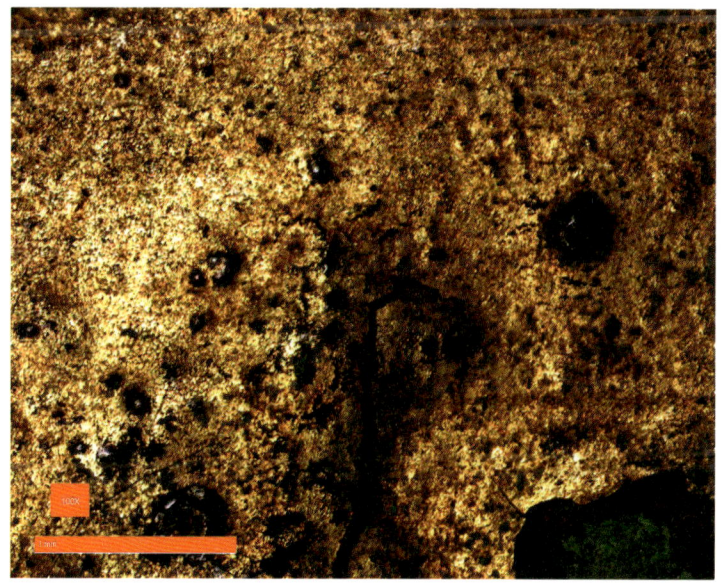

图4-28　近代贴金铜像（文物编号：1035）清洗后及显微照片

图4-29　清关帝铜像（文物编号：508）清洗后及显微照片

图4-30中观音像底座肉眼观察有明显裸露的朱漆，显微镜观察到金层剥落后底部有黑漆，而观音像头发部位金漆上又覆盖一层黑漆，且金层有涂刷印迹，无任何鎏金或贴金的痕迹，为典型的描金工艺。

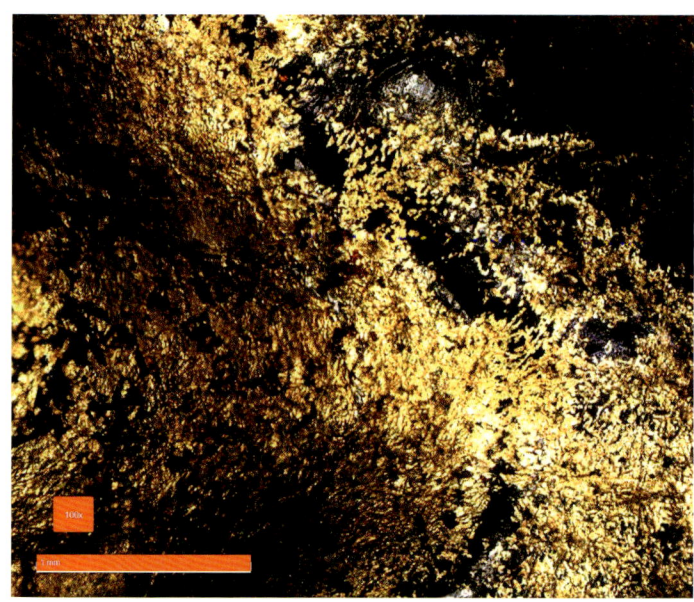

图4-30　清描金观音铜坐像（文物编号：505）清洗后及显微照片

图4-31中鎏金鎏银饰件器形较小，图案纹饰比较精美，基本上只有正面有金或银的镀层，背面则无，镀层有明显分界，剥落的鎏金层和起翘的鎏银层厚度极薄，无明显的加工痕迹及微孔。

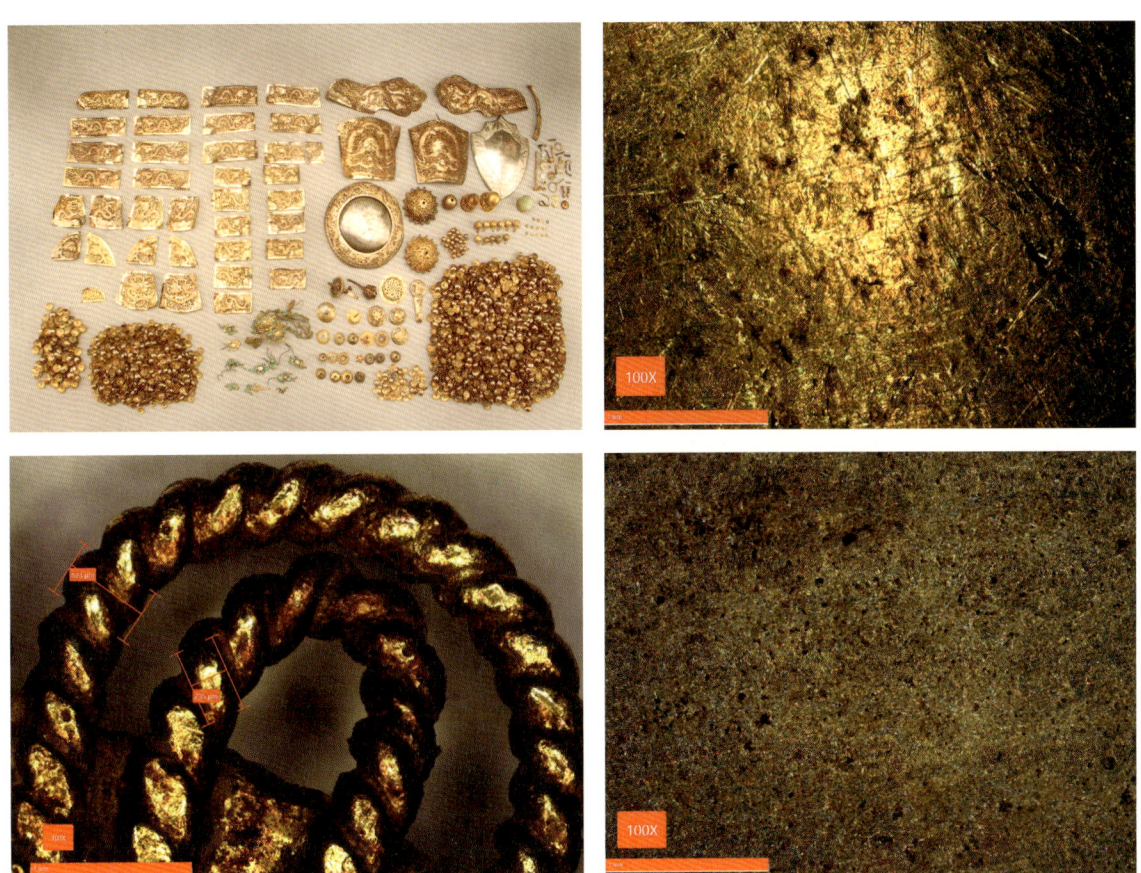

图4-31　清铜鎏金鎏银战袍饰件（文物编号：531）清洗后及显微照片

二、金层厚度的检测分析

采用合金分析仪对几件器物的金层厚度进行了快速检测分析，具体检测结果见表4-2。对比发现残留鎏金层的厚度差异较大，不同检测部位鎏金层厚度相差几倍至几十倍。鎏金层越光亮，其厚度相对也较大，偏黄色的鎏金层比偏红色的鎏金层厚度更大。

东汉鎏金铜鉴（文物编号：1985）的鎏金残留相对较均匀，但内侧鎏金层的厚度普遍高于外侧；清铜鎏金度母像（文物编号：969）的鎏金层厚度明显比清鎏金铜佛像（文物编号：2748）偏大许多；清铜鎏金鎏银战袍饰件（文物编号：531）中大块龙纹饰件金层厚度只有0.083微米，较小的塔形饰件或杂项饰件厚度则可达3.48微米，厚度相差如此悬殊，很有可能是跟饰件的形状、纹饰以及当时的制作工艺条件有关。

表4-2 金层厚度检测结果

文物编号	文物名称	检测位置	鎏金层厚度（微米）
1985	东汉鎏金铜鉴	内底部	0.531 ± 0.005
		内壁	1.231 ± 0.002
		外部上沿	0.236 ± 0.004
		外底部	< LOD
969	清铜鎏金度母像	底座背面	1.882 ± 0.006
		底座正面	2.306 ± 0.007
		裙摆背面	1.870 ± 0.006
		左腿背面	2.306 ± 0.008
		左腿正面	1.342 ± 0.006
		右腿侧面	3.442 ± 0.011
		背部	3.942 ± 0.012
		前胸	7.381 ± 0.016
		底座背面	2.306 ± 0.008
		左胳膊正面	4.103 ± 0.012
2748	清鎏金铜佛像	底座背面	1.041 ± 0.008
		背部	0.522 ± 0.005
		前胸	0.808 ± 0.006
531	清铜鎏金鎏银战袍饰件	大梯形饰件	0.236 ± 0.005
		大块龙纹饰件	0.083 ± 0.005
		鱼形饰件	0.215 ± 0.006
		刀形饰件	0.856 ± 0.007
		塔形饰件	3.480 ± 0.008
		杂项饰件	2.306 ± 0.009
		弧形饰件	2.137 ± 0.012

第五章
Chapter Five

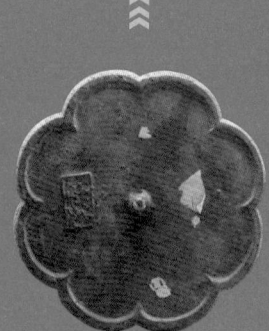

透射及补铸研究

第一节　X射线透射分析

X射线计算机断层扫描（Computed Tomography，简称CT）技术由于其无损的检测方式和清晰的内部成像效果，广泛应用于临床医学、生命科学、工业检测及文物保护等多个领域。工业CT（Industrial Computerized Tomography）是工业用计算机断层成像技术的简称，它能在不损伤检测物体的条件下，以二维断层图像或三维立体图像的形式，清晰、准确、直观地展示被检测物体的内部结构、组成、材质及缺损状况，被誉为当今最佳无损检测和无损评估技术。基于CT的缺陷分析如今已被广泛应用，如铸件、塑料零件和BGAs。工业CT可以快速、准确、直观地查找到产品的内部缺陷，如裂纹、气孔、疏松、夹杂等，并进行分析，找到出现缺陷的根本原因，从而提高产品性能，延长产品使用寿命。

该技术已广泛应用于考古和文物研究领域，利用X射线透射检测可以清晰展现文物表面和内部因附着物遮盖而隐藏的文物信息，如铭文、纹饰、铸造垫片等多种制造工艺情况，对研究器物的铸造、加工、修饰等工艺具有重要意义。同时，X射线透射检测还可用于判断文物修复前的腐蚀、病害情况，以及文物曾经修复情况等，为开展有针对性的保护修复提供重要的参考依据。

一、仪器设备及测试条件

本项目使用重庆真测科技生产的CD-300BX/225型考古专用CT检测仪，采用DR照相模式进行信息采集。技术指标如下：射线源为高能电子直线加速器；X射线最大管电压为225千伏，最大管电流为8毫安。

图5-1　考古CT检测仪

二、结论与分析

在宜宾市博物院馆藏青铜文物保护修复项目中,除部分器物如剑、鼓等体型较大,受设备和操作空间的局限无法检测外,我们对101件青铜器进行了X射线透射检测,并对图像信息进行解析。主要提取的文物信息分为以下几种情况:

(一)内部结构判断

穿心壶,属于一种日常生活用具,通过X射线透射可以看出清代铜壶(文物编号:515)为双层穿心结构,壶体包括外壶体、内腔以及分隔条。在穿心体中加入易燃物,可以对内腔中的水或液体进行加热及保温操作,节能又便捷。

清塔形铜熏炉(文物编号:489)表面覆盖有厚厚的污染物,通过X射线透射发现底座内部也为镂空雕花设计。

图5-2 清代铜壶及其X射线透射图(文物编号:515,电压:120千伏)

图5-3 清塔形铜熏炉及其X射线透射图(文物编号:489,电压:100千伏)

（二）文物材质鉴别

青铜文物极易受到埋藏环境中外力、地下水、土壤酸碱度、微生物以及保存环境中温湿度、空气污染物等因素的影响而发生多方面的腐蚀，腐蚀矿化的部位质地疏松，密度低。由于器物上不同厚度、密度的部位对X射线的吸收能力不同，射线的衰减程度就不同，呈现出来的图像效果也不一样。图像显示白亮区域表明其材质较好，灰色则显示质地较差。如汉铜鐎斗（文物编号：486）残缺破损严重，且表面有厚厚的泥土及锈蚀物覆盖，通过其X射线透射图像可以看出器物胎体保存状况较差，暗区说明该部分金属基体已产生严重腐蚀，亮区说明腐蚀程度较低。

另外，青铜文物一般是由铜的锡铅合金铸造而成，受工艺的影响，部分器物铸造时会产生气孔或缩孔等铸造缺陷。这些气孔与缩孔大多隐藏在器物内部，从外表难以发现，在X射线透射图像上一般呈圆形或椭圆形，边缘光滑清晰，这与腐蚀产生的斑点不同。如宋三足铜灯盏（文物编号：537）、清代铜鼎（文物编号：493）和清喜上眉梢铜瓶（文物编号：474）三件器物的足均呈亮白

 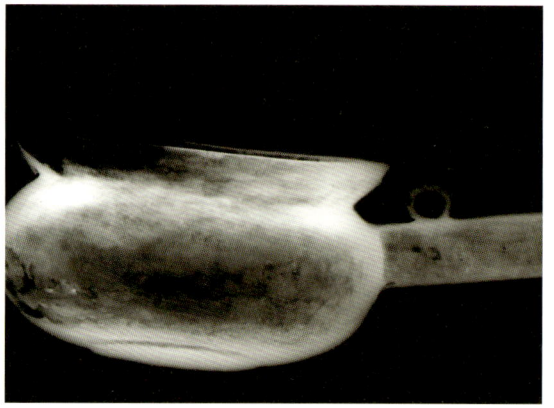

图5-4　汉铜鐎斗及其X射线透射图（文物编号：486，电压：180千伏）

 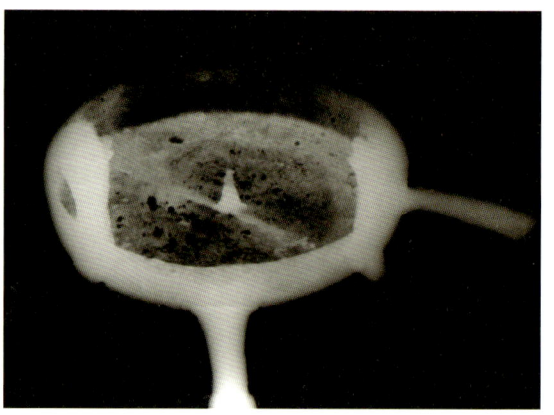

图5-5　宋三足铜灯盏及其X射线透射图（文物编号：537，电压：180千伏）

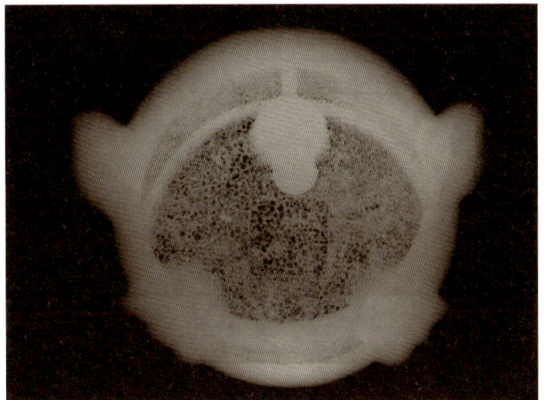

图5-6　清代铜鼎及其X射线透射图（文物编号：493，电压：225千伏）

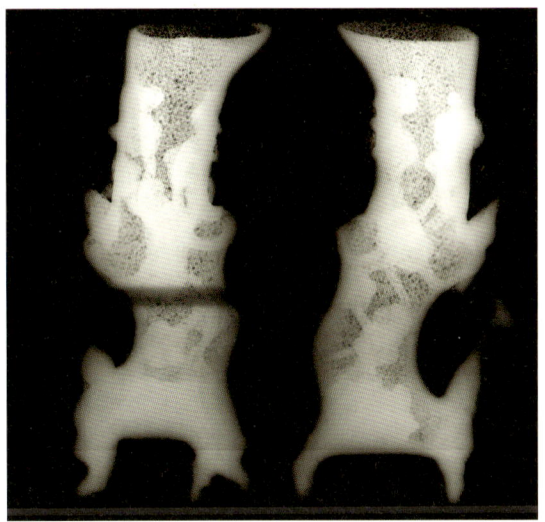

图5-7　清喜上眉梢铜瓶及其X射线透射图（文物编号：474，电压：225千伏）

色，但主体材质明显呈现出疏松多孔结构，清喜上眉梢铜瓶（文物编号：474）存在明显的铸造气孔缺陷，而宋三足铜灯盏（文物编号：537）除底部的多孔结构外，边缘也存在较多腐蚀，因此更多是受腐蚀的影响。

东汉铜销（文物编号：458）残缺破损严重，且表面有厚厚的泥土及锈蚀物覆盖，通过其X射线透射图像可以看出器物胎体保存状况较差，暗区说明该部分金属基体已产生严重腐蚀，亮区说明腐蚀程度较低。东汉环首铜刀（文物编号：975）X射线透射图像质地均匀亮白，表明胎体保护状况较好。明铜香炉（文物编号：462）从肉眼看基本完好无损，但通过X射线透射图可以看到腹部有明显的局部腐蚀现象，其余部位胎体腐蚀较轻。

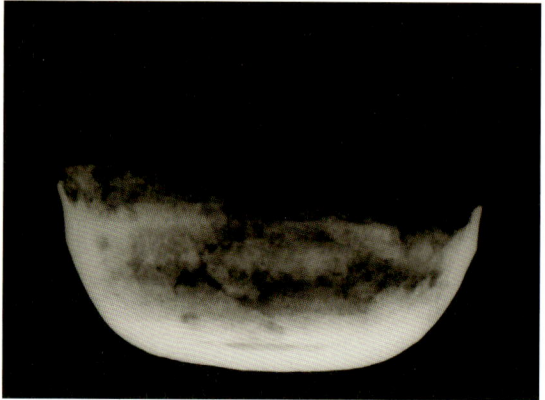

图5-8　东汉铜䥂及其X射线透射图（文物编号：458，电压：150千伏）

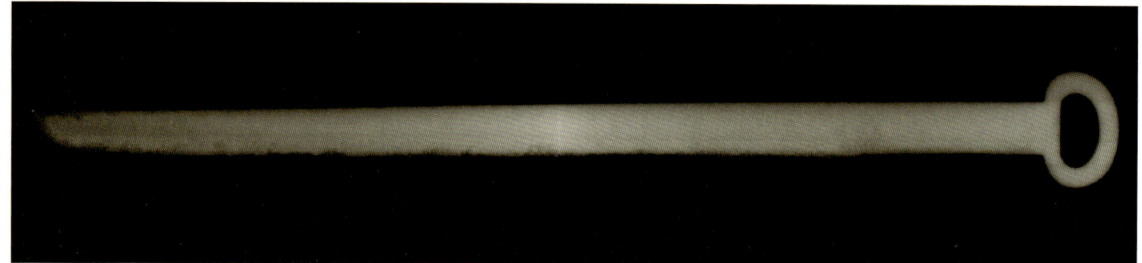

图5-9　东汉环首铜刀及其X射线透射图（文物编号：975，电压：180千伏）

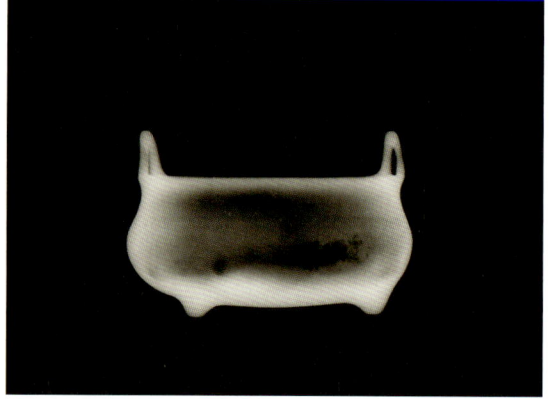

图5-10　明铜香炉及其X射线透射图（文物编号：462，电压：150千伏）

（三）纹饰及文字信息提取

由于表面较厚的污染物和锈蚀产物遮盖，部分器物上的重要文字、纹饰等信息难以用肉眼辨识，通过X射线透射分析能较清楚地显示这些重要信息。

明"二龙戏珠"纹铜镜（文物编号：904）、清方格纹铜镜（文物编号：465）和清柿蒂纹诗文铜镜（文物编号：456）的X射线透射图可以清晰地辨别图案轮廓，在后续的除锈中可以作为参考，避免伤害到纹饰信息。

通过明万历十八年铜瓦（文物编号：498）和明清铜瓦（文物编号：499）的X射线透射图可以判断其上篆刻的文字及纹饰均较浅，除此以外还能明显发现一些内部裂纹。

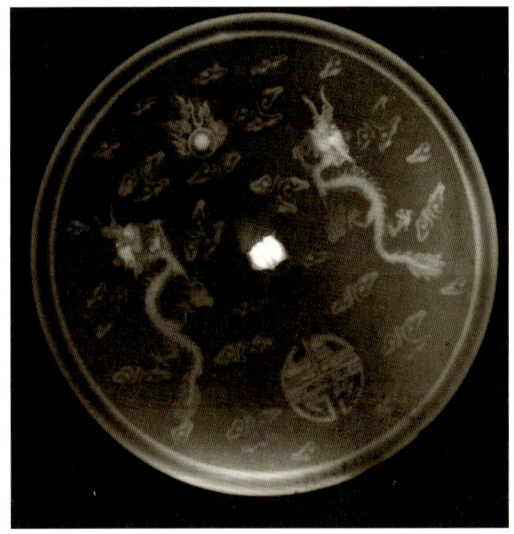

图5-11　明"二龙戏珠"纹铜镜及其X射线透射图（文物编号：904，电压：225千伏）

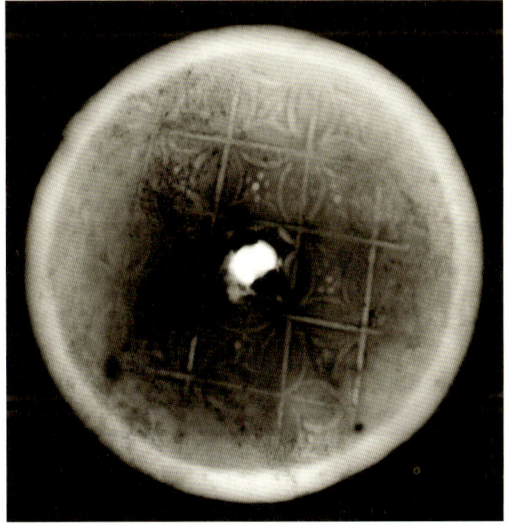

图5-12　清方格纹铜镜及其X射线透射图（文物编号：465，电压：225千伏）

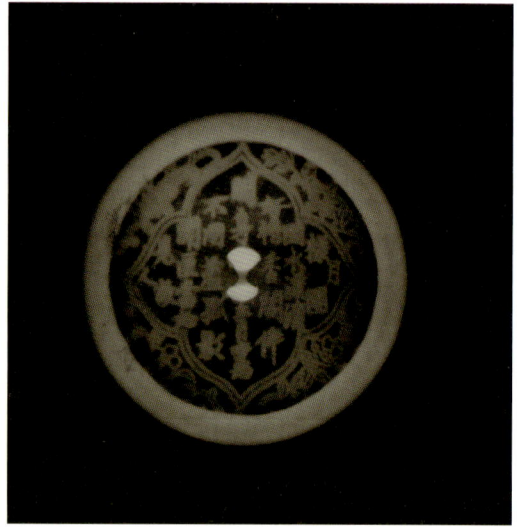

图5-13 清柿蒂纹诗文铜镜及其X射线透射图（文物编号：456，电压：150千伏）

图5-14 明万历十八年铜瓦及其X射线透射图（文物编号：498，电压：120千伏）

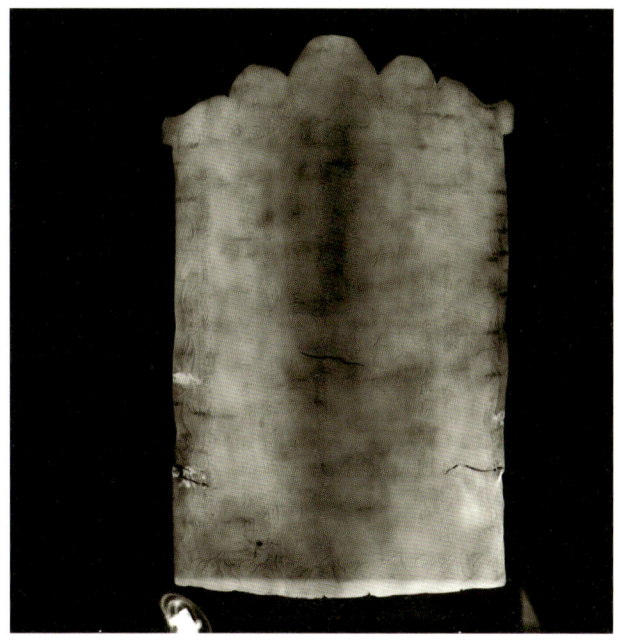

图5-15 明清铜瓦及其X射线透射图（文物编号：499，电压：120千伏）

（四）残缺及裂隙情况分析

修复前，很多器物表面被各种硬结物和锈蚀物遮盖较为严密，无法直接观察文物本体的情况。通过X射线透射图发现，其中暗含有较多的细小裂隙，形成不规则的暗裂纹。如汉代铜釜（文物编号：543）、东汉铜镰斗（文物编号：534）、宋铜锣镲（文物编号：424-2）和明葵花形铜镜（文物编号：481）均存在明显的裂纹。

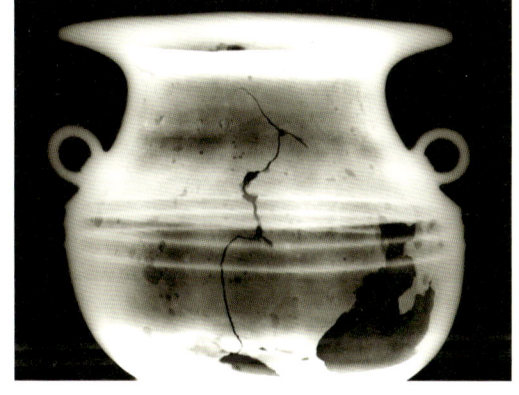

图5-16 汉代铜釜及其X射线透射图（文物编号：543，电压：225千伏）

图5-17　东汉铜镰斗及其X射线透射图（文物编号：534，电压：180千伏）

 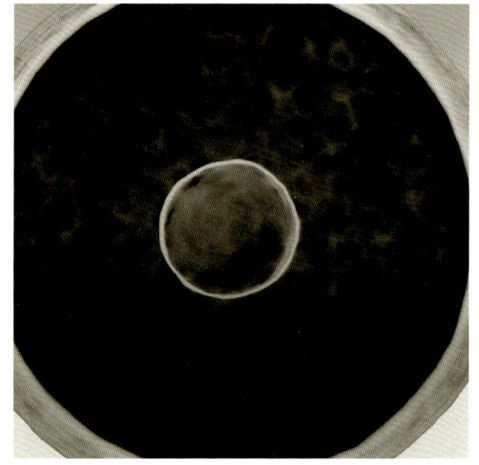

图5-18　宋铜锣镲及其X射线透射图（文物编号：424-2，电压：225千伏）

图5-19　明葵花形铜镜及其X射线透射图（文物编号：481，电压：180千伏）

（五）制作工艺信息采集

1. 范线

范线是铸造青铜器时铜液在合范处留下的痕迹。早期的青铜器采用陶范合范铸造，范线较为明显，但也有一些青铜上的范线并不明显，难以找到范痕，这是因为铜器铸成后经过了精细的打磨处理。比如青铜礼器，工匠们将腹部、腹底、器沿的铸后范线磨平、磨光洁，祭祀摆放时更显庄重威严，引人注目。东汉铜钟（文物编号：252）不但器物表面非常光滑平整，X射线透射图也看不到任何痕迹，足以说明该器物的制作工艺的精细。东汉铺首衔环铜甂（文物编号：1993）一侧看不到范线，另一侧则能看到浅浅的痕迹，其X射线透射图也能清楚地看到合范铸造的痕迹。

随着青铜礼器向平民化的实用器转变，做工不如此前精细，若在制陶范时块边有磕碰，铸前合范未予修补，器物铸出后也未在合范处进行打磨修整，这时的范线就会较为明显。如汉代铜鉴（文物编号：529）的底部和东汉双耳铜釜（文物编号：1053）的腹部等位置范线均非常明显。

此外，部分器物腹底或三足之间有两条或三条相交的凸棱，这种情况不是范线，而是一种特有的腹底纹饰。其作用一是方便铜水流动，二是加强底部强度。如东汉铜盆（文物编号：2739）腹底有三条明显相交的凸棱。

 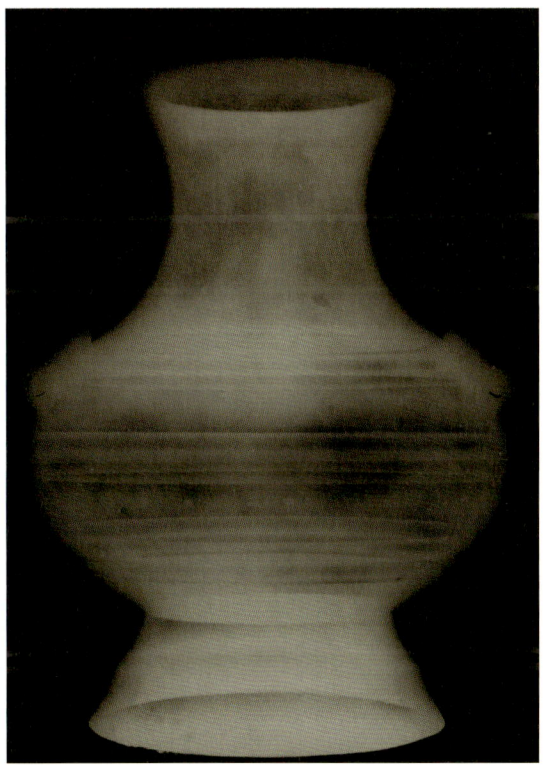

图5-20　东汉铜钟及其X射线透射图（文物编号：252，电压：225千伏）

图5-21 东汉铺首衔环铜甑及其X射线透射图（文物编号：1993，电压：225千伏）

图5-22 汉代铜鉴及其X射线透射图（文物编号：529，电压：180千伏）

图5-23 东汉双耳铜釜及其X射线透射图（文物编号：1053，电压：150千伏）

图5-24　东汉铜盆及其X射线透射图（文物编号：2739，电压：225千伏）

2. 垫片

垫片是用来控制浇铸器壁厚度而留在器物上的小铜片。古代青铜器的铸造工艺，大多采用的是范铸法，即用泥料在陶模上制范，内、外范之间的间隙就是器物的壁厚，工匠们有规律地将垫片安置在内外范的间隙处。垫片大多呈方形、梭形，有的呈不规则形状。在铸造过程中，当青铜溶液浇注到范腔内以后，这些垫片不会被熔化掉，有的被冲击移位，有的被铜液包住，有的则暴露在器物表面，因此铜垫片有的易见，有的难找，有的还十分对称、左右相应。由于这些小铜片并非铸造器物时专门同器浇铸，基本上都只是生产作坊浇铸其他器物时余留的残片等，因此多数时候这些垫片的色泽会与器物主体不一致。

晚商、西周时期由于所铸器物较厚，垫片大多被铜液包裹，因此不易被发现，但是后期的一些器物异常轻薄，许多器物表面皆能看见清晰的垫片痕迹，有的甚至会因各种原因在垫片部位呈现一个个不规则的缺孔，这是垫片脱落或者浇铸时并未完全焊接住所致。垫片所摆放的位置非常慎重和关键，安放不好会严重影响器物的美观，因此大多情况下都尽量会选择在器物的底腹部位，尽可能地避开纹饰，同时也会尽可能靠近器物的内壁。

通过X射线透射发现存在垫片的器物多为大型容器。有些垫片分布在器物底部，如东汉双耳铜壶（文物编号：1031）和东汉铜钟（文物编号：252）。东汉双耳铜壶（文物编号：1031）在垫片部位呈现出一个个不规则的缺孔，推测是垫片脱落导致；东汉铜钟（文物编号：252）的垫片出现在底部内平面上，外观上无法观察到，也无范线，足以说明这件器物制作精细，与其他器物腹部大都明显存在垫片的情况完全不同。有些器物的垫片分布于弦纹两侧或颈部，如汉双耳铜釜（文物编号：527、532）、东汉铺首衔环铜甑（文物编号：1993）和东汉双耳铜釜（文物编号：1053），垫片形状大多近似方块形，也有倾向于圆形，但都与器物本身有着明显的边界。

 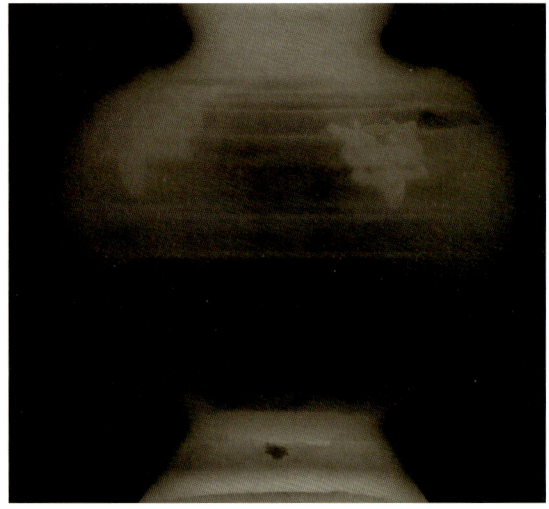

图5-25　东汉双耳铜壶及其X射线透射图（文物编号：1031，电压：225千伏）

图5-26　汉双耳铜釜及其X射线透射图（文物编号：527，电压：180千伏）

图5-27　汉双耳铜釜及其X射线透射图（文物编号：532，电压：200千伏）

第二节 补铸研究

本次待修复的器物中,东汉铜釜(文物编号:422)、东汉铜鐎(文物编号:1986)和近代人物铜坐像(文物编号:1022)三件器物上均发现有补铸痕迹。通过X射线透射图不但能清楚看到补铸铜片上一圈用于固定铜片的铆钉痕迹,而且还能清晰看见铜釜修复前裂隙的痕迹和残缺的区域。

一、透射检测

从补配方式上看,东汉铜鐎(文物编号:1986)采用补丁模式,在补块边缘分布铆钉进行固定,东汉铜釜(文物编号:422)上除了腹部有一块有铆钉补块之外,还有三处小的破洞,并非采用铆钉补铸方式,而是以熔块填补,近代人物铜坐像(文物编号:1022)则直接采用熔块补配。

(一)东汉铜釜(文物编号:422)

东汉铜釜(文物编号:422)的补铸有一大、三小,共四处,大的一块位于腹部靠近中间位置。从外侧观察,在大的一块即长方形的补铸铜片上有明显的铆钉痕迹,其余三处小的补铸未见铆钉;从内侧观察,在补铸铜片处的相应位置有两个非常明显的残缺。

图5-28 东汉铜釜修复前及其X射线透射图(电压:200千伏)

图5-29 东汉铜釜修复后及多处补铸痕迹

（二）东汉铜铫（文物编号：1986）

东汉铜铫（文物编号：1986）的补铸位于腹部偏底部处，补铸块上同样有明显的铆钉痕迹，尤其在面积较大的补铸块上四周的钉子清晰可见，但在器物内侧我们却没有在补铸的相应位置通过肉眼观察到钉子的痕迹。

图5-30　东汉铜铫修复前及其X射线透射图（电压：120千伏）

图5-31　东汉铜铫铜片补铸痕迹　　　　　　　　图5-32　东汉铜铫补铸内侧

（三）近代人物铜坐像（文物编号：1022）

近代人物铜坐像（文物编号：1022）的左侧有一处明显的补配痕迹，补配效果不是很理想，表面呈坑洼状，从内侧观察补配材料为银白色，推测补配时间不是很久远。

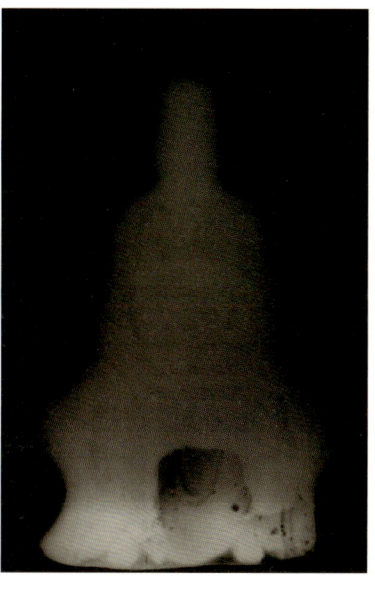

图5-33 近代人物铜坐像修复前及其X射线透射图及补配内侧（电压：180千伏）

二、补铸材料分析

利用合金分析仪对补铸附近的本体以及补铸用的材料进行了检测，检测结果见表5-1。

从检测数据来看，东汉铜釜（文物编号：422）、东汉铜鋗（文物编号：1986）本体都是铜锡铅三元合金，两块大面积补铸所用铜片的元素含量与它们本体的元素含量都有差别；近代人物铜坐像（文物编号：1022）本体为铜铅合金，补配处用的金属材料为银白色，主要为锡铅合金。

从以上检测数据分析可以得出以下推断：这三件器物应为后期破损后进行了补铸或补配，补铸和补配材料的选择比较随意，就近取材，而且铆钉的补铸方式在当时的川渝地区非常普遍。从补铸和补配的外观效果来看，更多注重实用，而不太注重美观，这从侧面反映了其所有者社会地位不高、经济能力有限。

表5-1 补铸/补配材料XRF检测分析结果

序号	文物编号及名称	检测位置	检测照片	主要元素含量（%）		
				Cu	Sn	Pb
1	东汉铜釜（文物编号：422）	补铸附近本体		33.15	39.22	17.29

续表

序号	文物编号及名称	检测位置	检测照片	主要元素含量（%）		
				Cu	Sn	Pb
2	东汉铜釜（文物编号：422）	大面积补铸用铜片		61.41	17.12	18.67
3	东汉铜锅（文物编号：1986）	补铸附近本体		60.38	26.89	12.08
4		补铸用铜片		83.54	7.48	6.86
5	近代人物铜坐像（文物编号：1022）	补配附近本体		82.84	0.332	13.94
6		补配处材料		2.69	43.52	50.07

第六章
Chapter Six

项目成果

第一节 项目管理

根据项目内容与人员专长，组织人员成立了项目组，并进行了明确的分工。

为了加强项目管理，保证项目按时完成，项目组制订了项目工作进度表。整个工作在23个月内完成，主要分三个阶段进行：

前期工作（3个月）：建立保护修复档案，开展科学检测分析；

中期工作（18个月）：完成对文物的保护修复工作；

后期工作（2个月）：完善文物保护修复档案以及完成工作报告的编写。

一、风险评估及防范措施

（一）实施风险

本项目采用的修复材料及方法成熟可靠，各工作环节按照文物保护修复基本原则实施，现场由经验丰富的技术人员把关，工作分阶段聘请专家进行验收，项目实施基本无风险。

（二）防范措施

1. 依照国家及单位相关规章制度，加强项目管理。

2. 全面开展检测分析，保障技术线路的科学性、可操作性。

3. 严格执行项目方案，科学严谨，保障文物的安全。

4. 聘请专家，实施项目验收。

二、安全工作管理

为了保障项目实施过程中文物、资料、仪器设备及工作人员的安全，确保此项工作的顺利完成，我们严格按照《重庆市文物考古研究院安防消防管理制度（试行）》《文物保护修复工作管理办法》《文物保护修复项目验收制度》等管理制度要求，加强项目安全管理工作。

1. 强化工作人员的安全意识：除进行必要的、正常的安全教育外，还必须做到各负其责，目标明确，任务具体。注意个人使用各类电机设备的安全，以及有毒有害化学试剂的合理应用和废液处理。

2. 形成良好的工作习惯：安全使用仪器、设备，确保设备、安全装置、防护设施处于完好状态；使用后，进行必要的清理和取放归位，人员离开时断水断电。

3. 严格执行工作方案：按照项目工作方案要求，严格执行工艺规程、安全技术规程和操作方法，避免安全事故的发生。

4. 文物在搬运、运输之前的包装，既要防止对文物的物理损伤，也要预防环境对文物造成不可逆的不利影响。

5. 如有突发情况，第一时间向领导及有关部门汇报。

6. 保护修复技术路线中的各步骤所涉及的材料和技术均不涉及知识产权问题。

第二节　预防性保护

文物的保存环境直接影响文物的寿命，是文物保护修复之后是否继续发生腐蚀的决定因素，也是文物长期保存的主要控制因素。

一、整体环境控制

文物的保存已与周围环境形成了一种平衡关系，一旦平衡关系发生变化，必然会引发腐蚀的发生和延续。馆藏文物保存环境中的温湿度、光照水平、污染气体等因素都会对文物的保存状态产生较大的影响，因此需将文物保存于适宜的环境中。参考国际文物修护学会、国际博物馆协会、国际文化财产保护与修复研究中心等组织的有关文物保存环境要求与标准，根据《博物馆藏品保存环境试行规范》，青铜文物保存环境应达到以下要求：

1. 库房密闭，温湿度采用库房除湿设备和中央空调系统进行调节控制。

2. 青铜器保存环境温度应控制在20℃左右，日波动范围应小于5℃。

3. 环境相对湿度应控制在45%以下，日波动范围应小于5%。

4. 可见光强度应小于300lx，紫外光强度应小于20μW/lm。

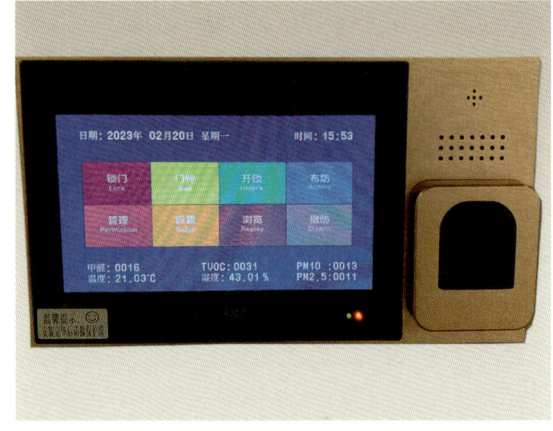

图6-1　新馆文物库房C级门　　　　　　图6-2　金属文物库房智能门禁及监测系统

二、单个器物的保存

根据《博物馆藏品保存环境试行规范》要求，对于单个文物，应贮存于柜、箱、盒、匣、囊、袋中，进行封闭、避光保存，并分区保管。大体量文物应根据材质采取防尘、防潮、防震和避光措施。

此次保护修复项目为119套（147件）青铜文物分别单独配置无酸纸囊匣，每件文物独立存放，以保证为其创造一个"稳定""洁净"的微环境，达到预防性保护的目的。

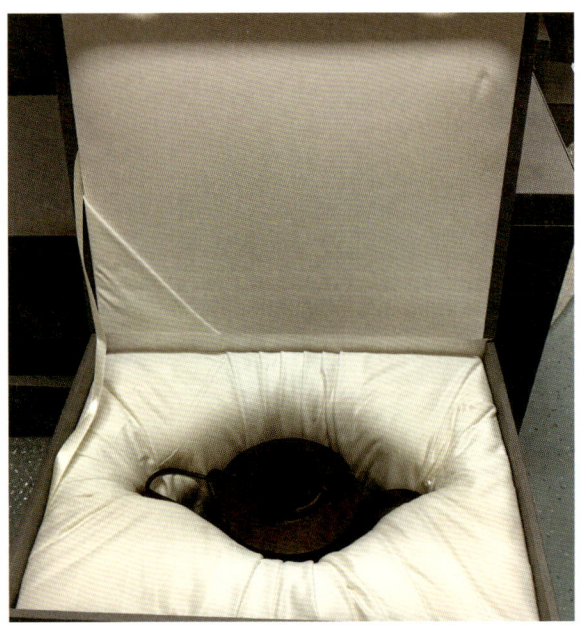

图6-3　摇盖式囊匣　　　　　　　　　　图6-4　多层天地盖式囊匣

第三节 项目总结与收获

本次修复以"科学修复"为宗旨，严格遵守"最小干预、不改变文物原状、协调性和保护修复材料可再处理性"的原则，并严格按照保护方案及合同的要求进行，秉承了重庆市文物考古研究院保护修复工作和管理工作一贯坚持的科学性和严谨性，确保保护修复工作顺利完成。

一、切实做到保护修复工作有理有据

文物的保护修复严格按照预定方案执行，确保文物保护修复质量，确保工作人员及文物安全；文物保护修复的各个阶段，实行专家审核把关，验收流程包括了分析检测、病害绘制、方案编写、材料筛选、保护修复、信息留取、档案制作、报告编写等多个方面，对工作中发现的问题，及时研究、讨论解决。项目实行科学管理，在保障文物安全、避免保护性破坏、提高工作质量、规范流程管理、促进工作效率等方面都起到了积极作用。

该项目119套（147件）青铜文物经过此次系统科学的保护修复，不仅消除了已有和潜在的病害，还通过封护等化学保护手段，使其能在一段时间内维持稳定的状态。同时，还通过补配、作色等技术，恢复了文物的历史原貌，更好地展现其艺术价值。本次保护工作的实施，既确保了文物的安全，同时也满足了文物收藏单位展览陈列的要求。按照合同规定，为了配合文物收藏单位博物馆展陈需要，项目组尽可能完成器物的复原修复工作，但前提是必须有据可循。本次工作共复原修复青铜器117套（145件），有1件清关帝铜像（文物编号：508）和1件东汉仙人骑鹿铜像（文物编号：476）因局部存在残缺、变形，找不到确凿的参照复原依据，故对这两件器物仅进行了洁除、去除或转化有害锈、清洗、矫形、部分补配和封护保护，未作复原修复。另外，对于这些器物上存留的信息尽可能予以保留，比如清关帝铜像（文物编号：508）尽管贴金层已大量剥落，但贴金层下的红色颜料仍明显存在；东汉仙人骑鹿铜像（文物编号：476）鹿身体内有大量木炭物质，我们在洁除过程中都尽可能将其保留下来，既保留了文物最真实的状态，又为后续相关研究工作留下了非常宝贵的信息。

二、探索文物清洗的新方法

该项目中大部分文物为完整的传世文物，保护修复工作以清洗表面污染物为主，根据文物的本体材质、污染物种类及保存状况选择不同的清洗方法和材料工具，其中有7件金饰文物较为特殊，因此需继续开展相关的清洗方法研究。4件鎏金青铜器上除了有致密和坚硬的铜锈外，还有厚厚的黑色油烟渍等污染物附着，单纯依靠凝胶或者EDTA-2Na贴敷的方法难以清洗干净，而完全采用机械方

法除锈又容易伤及鎏金层。因此，本次工作主要采用的是化学贴敷法和机械除锈法相结合，面对顽固的表面污染物或锈蚀物，先用化学材料软化后再用玛瑙刀小心剔除。在清洗材料方面，筛选出一系列绿色环保、安全有效的化学试剂，配置相对温和的低浓度单组分或复配溶液，开展了大量的对比研究实验，取得了较为满意的清洗效果，为今后类似病害状况的处理提供了一定的参考。此外，清洗完毕后利用超景深三维视频显微镜对鎏金层表面情况进行了微观观察，并用合金分析仪对鎏金层厚度做了快速的检测分析。

三、多种科技检测手段贯穿始终

在保护修复工作开展之前，我们采用多种科技检测手段，对器物的病害状况、本体材质、内部结构及隐藏的文物信息等有了更加准确、全面的认识与判断，科学有效地指导保护修复工作的完成。利用X射线透射在这批青铜文物中发现了容易被忽视的垫片和补铸信息，对判断和分析文物本体保存状况和文字纹饰等提供重要的依据。X射线荧光分析仪能对文物本体材质和补铸材料等进行快速无损检测。根据能谱、红外光谱等检测出的污染和锈蚀产物类型判断文物清洗的材料和方法。保护修复完成后，利用超景深三维视频显微镜在微观细节处判别各种鎏金、贴金、描金文物工艺的相似和不同之处，同时用便携式合金分析仪的镀层模式对金层的厚度进行定量分析。

同时，注重将传统技艺和科技检测相结合。我们对十余件有文字或纹饰的器物进行拓片记录。拓片是我国一项历史悠久的传统技艺，可使用宣纸和墨汁将文字或图案清晰拓印出来，拓片的大小、形状与原物完全相同。部分文物的拓片信息详见附录四。

四、以项目带动保护修复人才培养

"以项目为依托，带动保护修复人员培养"在重庆市文物考古研究院已有将近十年的传统。与以往项目带动人才培养不同的是，本次工作不仅仅是培养本院的保护修复人员，还为宜宾市博物院培养了从事金属文物保护修复的相关人员。

抓住青铜文物保护修复项目的难得机遇，宜宾市博物院委派一名文物修复与鉴定专业毕业人员跟随本项目学习青铜文物保护修复相关知识。经过为期一年的学习，该学员基本掌握了青铜器保护修复的基本流程，能独立完成一般青铜器的保护修复，取得了较好的学习效果。这种将文物保护修复项目与人才培养相结合的方式，既培养了人员、锻炼了能力、推进了工作，也为今后的保护修复工作、库房文物的日常养护提供了宝贵的经验。

图6-5　学习青铜器的修复　　　　　　　　　　　图6-6　青铜器修复实践

第四节　保护与利用

2021年9月，宜宾市博物院新馆全面开馆试运行。新馆开放之后凭借精彩的展陈内容、丰富的社教活动，迅速成为西南地区热门博物馆之一。该项目保护修复的大部分文物在新馆精品首展《永乐之城——宜宾汉宋文物展》、基础陈列展《我住长江头——宜宾历史文化陈列》和《酒都酒风——宜宾酒文化专题陈列》中进行展示，为陈列展览提供了更多的精品与亮点，丰富了展览内容。

图6-7　《永乐之城》临展"安居乐业"版块部分展出文物

图6-8 《我住长江头》展厅"膏腴之地"版块展出文物

图6-9 《我住长江头》展厅"宋人意趣"版块展出文物

图6-10 《我住长江头》展厅里的唐海兽葡萄纹铜镜

图6-11 《我住长江头》展厅"固圉之城"版块展出文物

图6-12 《我住长江头》展厅里的铜鼓

第六章 项目成果 131

图6-13 《我住长江头》展厅"会馆林立"版块展出文物

图6-14 展厅里的清描金观音铜坐像

图6-15 展厅里的清铜鎏金度母像

图6-16 展厅里的清鎏金铜佛像

第七章
Chapter Seven

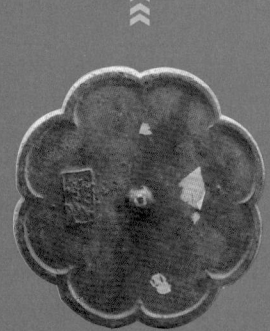

部分文物研究

第一节　一件藏传佛教鎏金度母站像的清洗研究

顾来沅[1]　黄乐生[2]

（1.重庆市文物考古研究院　2.宜宾市博物院）

摘要：清洗是鎏金文物抢救性保护的关键步骤，须根据器物的本体材质、病害种类及保存状况等多方面情况选择合适的清洗方法和材料工具。针对一件清代藏传佛教鎏金度母站像的清洗，通过仔细观察、分析，筛选出三类安全、有效且环保的清洗材料开展清洗对比实验，并分别考察了不同浓度下清洗效果，得到最佳清洗配方。佛像清洗完成后效果良好，能为今后其他类似病害文物保护提供借鉴。

关键词：佛像；青铜；清洗；研究

清洗是鎏金文物保护修复的关键步骤，由于文物本体、埋藏环境、保存状况等各方面因素的影响，每件文物的病害种类及病害程度往往千差万别，因此需要根据文物的实际情况选择合适的清洗方法和材料工具。重庆市文物考古研究院于2018年承担了宜宾市博物院馆藏青铜文物保护修复项目，其中涉及有多件鎏金、贴金及描金文物，针对其中一件清代藏传佛教鎏金度母站像（下文简称"鎏金度母站像"）存在严重表面污染物病害的情况，我们在前期多年的鎏金器保护修复经验和分析研究的基础上，采取相应的清洗措施，减缓各类污染物对文物造成的危害，充分还原了文物本身的面貌和艺术价值。

一、鎏金度母站像的基本信息和保存状况

这件鎏金青铜文物为宜宾市博物院在20世纪90年代征集所得，是一件清代藏传佛教度母站像，度母在藏传佛教中被称为"三世诸佛之母"或"一切众生之母"[①]。

---

① 德吉卓玛：《论度母的起源与文化模式》，《西藏研究》2006年第4期。

图7-1 鎏金度母站像保护前正面

图7-2 鎏金度母站像保护前背面

图7-3 鎏金度母站像手臂污染情况

图7-4 鎏金度母站像手指污染情况

鎏金度母站像通高48.0厘米，底座宽14.5厘米，厚12.0厘米；佛像宽16.0厘米，厚9.0厘米，高39.8厘米。其器形完整，通体鎏金，头饰花冠坐佛，身披几道璎珞，赤足，右虚步，略侧身站立，下为莲花座，身段曲线分明，颇具韵味。左手下垂，指呈莲花状，右手平胸施说法印。整体造型富有曲线，有强烈艺术美感（图7-1、图7-2）。

根据器物表面覆盖厚厚的污染物及锈蚀情况可以判断，该佛像应该是常年遭受各种污染物的损害，只有极少部位露出其原有的鎏金层，且部分鎏金层已开始脱落（图7-3、图7-4）。

二、分析检测

为清楚了解这件鎏金度母站像的本体材质和锈蚀物特征，制订科学的保护修复方案，在不破坏文物的前提下，分别采用超景深三维视频显微镜、便携式X射线荧光光谱仪、拉曼光谱仪等对其进行观察及分析检测。

（一）超景深显微观察

课题组曾使用扫描电子显微镜对川渝地区的鎏金青铜器残片断面进行观察研究，发现鎏金青铜器断面一般分为四层，从内至外分别为青铜胎体、锈蚀层、鎏金层、锈蚀层[①]（图7-5、图7-6）。这件鎏金度母站像污染严重，通过超景深三维视频显微镜（德国蔡司Smartzoom 5）观察，发现在最外层的锈蚀层上还沉积有1~2毫米厚的灰尘、有机物及油烟渍等各种颜色混合的污染物，局部裸露的鎏金层表面存在许多微孔以及方向一致且较为整齐的压痕。锈蚀物透过微孔出现在鎏金层表面，大大减弱了金层的附着力。

图7-5 黑色污染物及裸露的鎏金层

图7-6 棕褐色锈蚀及裸露的鎏金层

（二）XRF分析

利用便携式X射线荧光光谱仪（Thermo Scientific Niton XL3t 950）对度母站像的多个部位进行快速的无损分析检测，其中手臂处裸露鎏金部位的元素组成为20.571%Cu、77.039%Au、0.79%Ag、0.427%Pb、0.139%Fe、1.9%Hg等（图7-7），度母站像的底座无鎏金层，其元素组成主要为92.33%Cu、0.062%Fe、0.15 %Ag等（图7-8）。

[①] 杨小刚、刘屏、叶琳等：《基于水凝胶方法的重庆地区鎏金青铜器除锈新技术研究》，《文物保护与考古科学》2019年第1期。

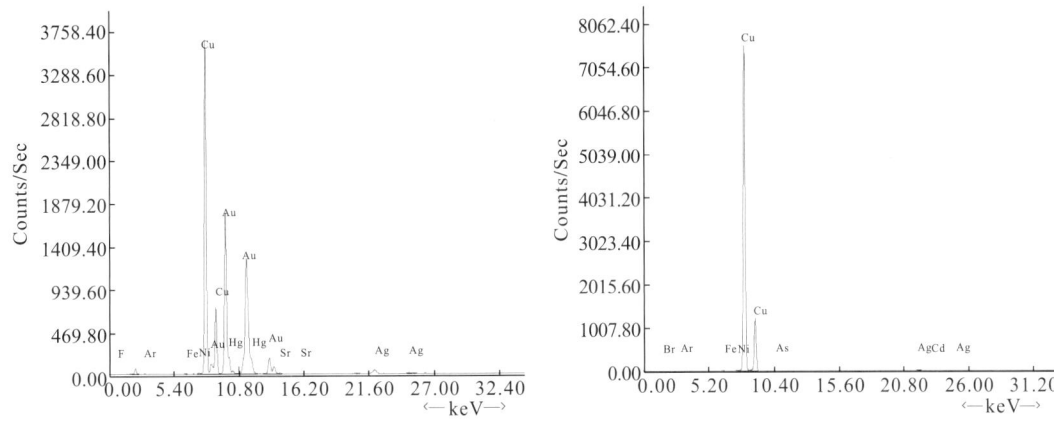

图7-7 裸露的鎏金层XRF谱图　　　　　图7-8 底座（无鎏金层）XRF谱图

（三）拉曼光谱分析

在度母的手臂及手指部位采集黑色、浅蓝色和棕褐色的样品送外进行拉曼光谱分析，采用英国雷尼绍inVia Reflex激光显微共聚焦拉曼光谱仪，检测条件为532纳米和785纳米激光器，光斑尺寸1毫米，光谱测试范围100~2000cm^{-1}和100~4000cm^{-1}，曝光时间10秒，累计次数1~6次。黑色样品为有机混合物无明显特征峰，绿色和棕褐色锈蚀样品分别为典型的孔雀石和赤铜矿（图7-9、图7-10）。

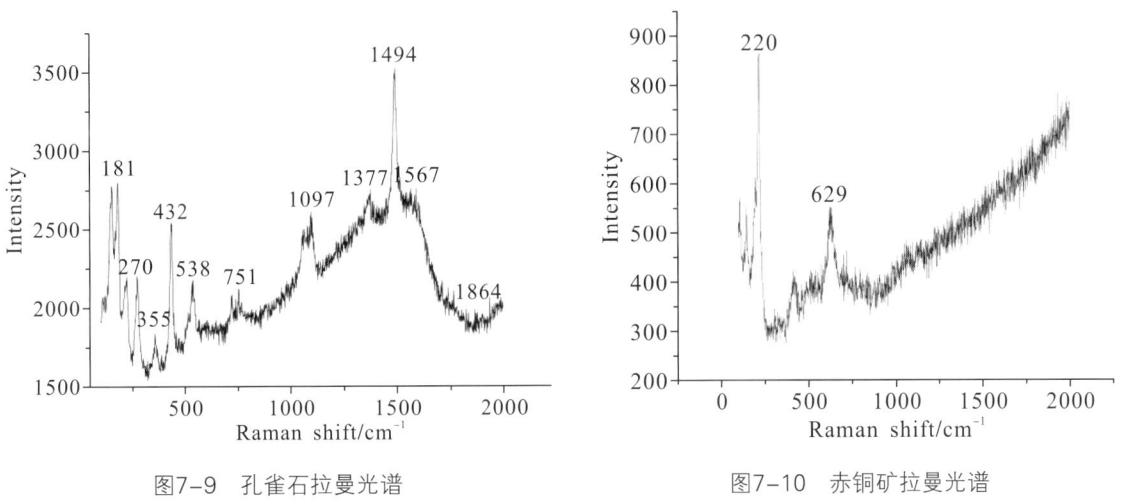

图7-9 孔雀石拉曼光谱　　　　　　　　图7-10 赤铜矿拉曼光谱

三、鎏金度母站像的清洗

清洗是一个重要且不可逆的操作，应遵循"由外及内、先疏松后致密"的原则[①]。如果鎏金层非

---

① 马立治：《金属文物的清洗》，《清洗世界》2014年第4期。

常脆弱，应只做简单清洗，不做除锈。这件鎏金度母站像的本体保存完好，保护修复的关键为清洗污染物，要尽可能选用对文物本体干扰小的方法和材料，尽量避免对鎏金层造成损害。

（一）清洗方法

常用的鎏金文物清洗方法主要有机械法、化学法、激光法以及激光与凝胶联用法等，每一种清洗方法均有其优缺点和适用范围[①]。其中，化学清洗技术是最为常用的清洗技术之一，也是鎏金青铜文物清洗最常用的方法。一般来说，选用温和、安全、环保、有针对性的一种或多种化学清洗试剂，能快速有效地去除器物表面的污染物和锈蚀，且不会留下任何机械划痕或激光灼烧的痕迹，从而达到清除物体表面污垢的目的。

（二）清洗材料

目前文物化学清洗的主要材料分为有机溶剂、有机弱酸、无机强酸、无机弱酸和弱碱及其盐、螯合剂和离子交换等高分子材料。针对这件鎏金度母站像的清洗，主要选用了三类材料。第一类：弱酸性材料，分别选用从菠菜、葡萄和柠檬中提取的草酸、酒石酸和柠檬酸，主要特点是绿色纯天然、环保、安全，其中酒石酸除了具有弱酸性外，还具有优良的螯合作用。第二类：螯合剂，属于偏中性的溶剂，主要选择EDTA、EDTA-2Na和六偏磷酸钠，这三种物质因为特殊的分子结构能与Mg^{2+}、Ca^{2+}、Fe^{2+}、Cu^{2+}等金属离子进行螯合生成可溶性络合物，从而达到清洗的目的，安全性高。第三类：表面活性剂，主要用于去除鎏金度母站像表面的黑色油烟渍。此次主要选择了两种较常见的表面活性剂，即十二烷基苯磺酸钠和月桂酸钠。

（三）清洗方式

配制不同浓度的各种溶液备用，在鎏金度母站像背面不明显的部位选取小部分区域开展试探性

图7-11 小范围清洗

图7-12 试验效果

---

① 陈颢、马卫军：《铜质文物修复过程中的清洗除锈技术》，《清洗世界》2015年第9期。

对比实验，采用贴敷的方法评估清洗的效果（图7-11、图7-12）。贴敷法是将化学试剂用多孔的吸附材料承载，然后贴敷在文物病害处，可以只对有污染的部位实施针对性清洗，不仅作用面小，操作可控，而且还能抑制化学试剂的流淌，并避免向文物本体深处渗透。吸附材料有纤维素类（如脱脂棉）、多孔材料（如活性炭、分子筛等）、凝胶胶体等。课题组研究过采用凝胶材料为载体，复合一定比例的有效清洗组分进行贴敷：一是能很好地控制反应物的总量；二是通过载体的作用，能让化学反应在器物表面发生，不渗透文物本体，减少化学清洗的危害①，此次主要采用纯天然高分子纤维素作为贴敷材料。

图7-13 局部清洗图

通过多组小范围的对比实验，针对这件鎏金度母站像的表面污染物及锈蚀物去除，最有效的清洗成分是1%的酒石酸、4%的十二烷基苯磺酸钠和1%的EDTA-2Na。其中酒石酸和十二烷基苯磺酸钠对黑色污垢去除效果较好，而EDTA-2Na与锈蚀物的反应明显，可用三者逐次贴敷或配置相应浓度的复合溶液进行贴敷。

四、清洗后效果及跟踪观察

为了更进一步评估清洗配方的安全性和有效性，对鎏金度母站像背面进行局部清洗后放置30天，定期用便携式显微镜观察清洗部位及鎏金层颜色变化，没有发现氧化变红或产生副反应（图7-13）。

---

① 顾来沅、杨小刚、叶琳等：《重庆丰都两件汉代鎏金青铜器的保护修复》，《文物春秋》2018年第6期。

图7-14　鎏金度母站像清洗后正面　　　　　图7-15　鎏金度母站像清洗后背面

度母的头发和底座后面局部没有鎏金层的区域，只做简单的去离子水清洗，保留了上面稳定的蓝绿锈蚀。清洗完成后，器物保存在恒温恒湿库房，从中期（3个月）与长期（1年）的观察监测效果来看，鎏金度母站像表面依然金光灿灿，如刚清洗完成后模样，也没有新的锈蚀产生（图7-14、图7-15）。

五、鎏金层厚度检测

清洗完成后，采用便携式合金分析仪（Thermo Scientific Niton XL3t 950）的镀层检测模式对这件铜像各部位鎏金层的厚度进行快速检测，具体结果如下表7-1所示。厚度约为1~7微米，其中最薄处为左腿正面（1.342微米），该处鎏金层为裸露部位，前胸的鎏金层最厚可达7.381微米。在肉眼和显微镜下观察发现，越亮、越致密的鎏金层，其厚度也相对越大。

表7-1 鎏金层厚度检测结果

序号	检测部位	检测结果（微米）
1	底座背面	1.882 ± 0.006
2	底座正面	2.306 ± 0.007
3	裙摆背面	1.870 ± 0.006
4	左腿背面	2.306 ± 0.008
5	左腿正面	1.342 ± 0.006
6	右腿侧面	3.442 ± 0.011
7	背部	3.942 ± 0.012
8	前胸	7.381 ± 0.016
9	底座背面	2.306 ± 0.008
10	左胳膊正面	4.103 ± 0.012

六、结论

鎏金度母站像的清洗是抢救性保护的关键步骤，能够有效去除表面病害，还原文物本来面目。在对文物病害状态进行充分观察及全面了解后，选择合适的清洗方案，通过小面积的尝试实验筛选出安全、有效且环保的清洗材料，并得到最佳清洗配方成分及浓度。采用化学方法清洗文物时，应选用适合的吸附材料，让化学试剂只作用在器物表面，尽量不渗透文物本体，少量残留必须及时用去离子水清洗干净。清洗过程及清洗完成后都需要对文物进行跟踪观察，评估清洗方案的安全可行性。此外，文物清洗完成后的预防性保护也是必不可少的，通过改善文物保存的微环境、小环境和大环境，加上定期跟踪观察及必要的检测等措施，才能最大限度地将文物长久地保存下去，充分发挥其文化和艺术价值。

（原文发表于《文物鉴定与鉴赏》2021年第3期）

第二节　从一组清代战袍饰件看传统鎏金鎏银工艺的发展

顾来沅[1]　薛加友[2]

（1.重庆市文物考古研究院　2.宜宾市博物院）

摘要： 在宜宾市博物院馆藏青铜文物保护修复项目中，有一组需要清理的清代鎏金鎏银战袍饰件，经仔细观察和资料考证，发现为重庆地区制作。通过全面科学的清洗恢复了其原来金光闪闪的模样，并利用超景深三维视频显微镜和合金分析仪等仪器设备进行了科学的检测分析。鎏金鎏银工艺经过两千多年的发展，一直活跃在各个历史时期，其主要原因除了鎏金鎏银制品视觉上的美观外，也离不开金银所具备的社会地位和功能，同时也得益于各民族、各地区之间物质文化和精神文化的交流。

关键词： 鎏金鎏银；工艺；保护修复

鎏金鎏银是我国一项古老的传统工艺，即在材料表面镀金和镀银的技术，出现于春秋晚期，兴盛于汉代，经历过两千多年的发展。重庆峡江地区发掘出土了不少战国至六朝时期的有地域文化特色的鎏金铜器[1]。明清以来，鎏金工艺达到空前的发展，在宫殿、寺庙等重要建筑中精美、珍贵的物品、饰件以及宗教器物上均大量采用鎏金材料作装饰[2]。在这批文物的保护修复工作中，有一组特殊的清代鎏金鎏银器物，经仔细观察和对比考证为战袍饰件。通过全面科学的清洗，恢复了其原来金光闪闪的模样，并利用超景深三维视频显微镜和合金分析仪分别对饰件表面的微观形貌及镀层厚度进行了检测，发现该组战袍饰件保存较为完好，表面较为光滑平整，与传统考古出土鎏金器存在较大区别：鎏金鎏银工艺不但没有破坏表面的精美纹饰，且在鎏金层厚度普遍更薄的情况下所展现的鎏金效果依然相当惊艳，体现了较高的生产工艺水平。

一、鎏金鎏银工艺概述

（一）"鎏"的起源

鎏金工艺虽然早在战国时代就有实物为证，但文献中宋以前很少出现"鎏金"一词，在《说文解字》《金石大字典》《古代汉语词典》等字典中都找不到"鎏"字。鎏金工艺从战国时代一直

---

[1] 肖碧瑞、杨小刚、邹后曦等：《重庆峡江地区出土战国至六朝时期鎏金铜器史研究》，《南方民族考古（第十一辑）》，科学出版社，2015年，第129—159页。

[2] 胡一红：《中国古代鎏金技术及鎏金文物的保护》，《首都博物馆丛刊》，北京燕山出版社，2000年。

到现代延续2500多年而不中断，可见其有较大的优越之处，目前仍在仿古金属器件的制作中大放异彩①。在《汉语大字典》中："鎏"——将金汞合金涂在器物表面，经过火烘烤、汞蒸发、金滞留的一种传统工艺；"镏金"——把溶解在水银里的金子涂刷在银胎或铜胎器物上②。可见"镏"和"鎏"字义相同。明代刘侗、于奕正《帝京景物略》一书中也同时有"鎏金色者次本色，为掩铜质也"和"尊天二十四像，穆肃慈猛，相具神足，衣冠法故，范镏质良"的记载。在古文献中，"鎏"字最早出现在宋代丁度的《集韵》中："美金谓之鎏。"鎏字后面通常都跟着金字，表明鎏金是一个专用词。

根据《汉书》的记载③和陕西茂陵一号无名冢一号从葬坑中出土的鎏金银铜竹节熏炉上的铭文④可以判断，汉代将鎏金称为"黄金涂"或"金黄涂"。唐代称"金涂"或"镀金"。《新唐书》记述："其官之章饰，最上瑟瑟，金次之，金涂银又次之，银次之，最下至铜止，差大小，缀臂前以辨贵贱。"《唐六典》称金的加工方法有十四种，即销金、拍金、镀金、披金、泥金、镂金、贴金、嵌金等⑤。宋元时期称为"金涂"或"涂金"，明代称为"镀金""黄金涂"或"流金"，清代称为"镀金"或"涂金"。新中国成立前在文物修复行业中，又把这种工艺称为"火镀金"，一则由于这种工艺的全过程都是在火焰的高温下进行的，二则为了使其区别于现代的电镀工艺⑥。

（二）鎏金与现代镀金工艺的比较

在《古代汉语词典》中，"镀"字的含义为："以金涂饰于别种物体上。……王定保《唐摭言·矛盾》：'假金方用真金镀，若是真金不镀金。'"⑦唐代及唐代之前的镀金工艺实质是鎏金工艺。

传统鎏金工艺，又称"火镀金""汞镀金"，鎏金（银）就是将薄金（银）叶剪碎，熔入数倍重的汞液中，混合制成金汞剂或银汞剂，再将金汞剂或银汞剂涂于铜器表面，经火烘烤使汞蒸发，通过压碾等工序，使金或银牢固附着于铜器表面，从而达到装饰的目的。传统鎏金工序主要包括器物表面清洗、杀金、抹金、开金、清洗、找色、压亮等步骤。一般情况下，一件鎏金（银）器往往需要反复鎏3至7次，才能使器物表面的金层组织致密有光泽。鎏银和鎏金除所用的主要材料（鎏银时用银，鎏金时用金）不同以外，其余的主要工具、工艺基本相似。

镀金作为一种现代装饰工艺，只有短短不到两百年的历史。一般分化学镀金和电镀金两种方

---

① 贾文忠：《古玩保养与修复》，北京出版社，2000年，第334—338页。
② 《汉语大字典》编辑委员会：《汉语大字典（第二版）》，四川辞书出版社、崇文书局，2010年。
③ （汉）班固：《汉书》，颜师古注，中华书局，1964年。
④ 咸阳地区文管会、茂陵博物馆：《陕西茂陵一号无名冢一号从葬坑的发掘》，《文物》1982年第9期。
⑤ 温靖邦、吴元康：《中国古代金属镀工艺史初探及其技术理论研究》，《电镀与涂饰》2016年第12期。
⑥ 王海文：《鎏金工艺考》，《故宫博物院院刊》1984年第2期。
⑦ 《古代汉语词典》编写组：《古代汉语词典》，商务印书馆，1998年，第340页。

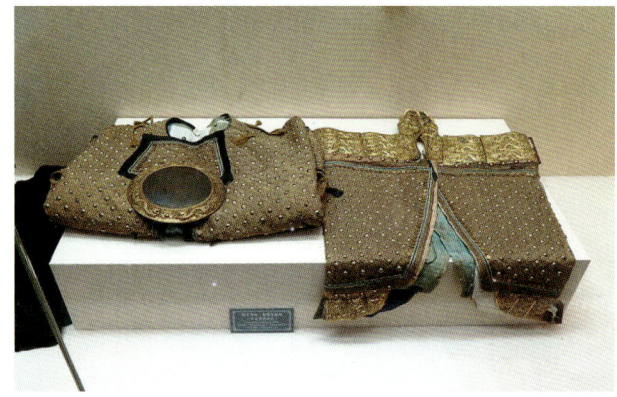

图7-16 秦良玉战袍（重庆中国三峡博物馆藏）

图7-17 卫佐邦战袍（东莞海战博物馆藏）

法。镀金层具有接触电阻低、导电性能好、耐腐蚀性强、易于焊接等优良性能，作为装饰性镀层和功能性镀层，无论是在传统产品领域还是在现代制造领域，都有重要的应用价值[1]。装饰性镀金包括镀厚金、金合金和闪镀金，常用于首饰、装饰品和工艺品等[2]；功能性镀金包括镀硬金和镀高纯金，广泛应用于精细仪器仪表、印制电路板、集成电器、电子管壳、连接器等电参数长期稳定的零件上[3]。镀金可分为两类，一类是同质材料镀金，另一类是异质材料镀金。同质材料镀金是指对黄金首饰的表面进行镀金处理，提高首饰的光亮度及色泽。异质材料镀金是指对非黄金材料的表面进行镀金处理，如银镀金、铜镀金，欲以黄金的光泽替代材料的色泽，从而提高物品的观赏效果。目前大多数的艺术品、珠宝首饰、高贵装饰和精密工件等都采用镀金技术。

二、一组鎏金鎏银战袍饰件的保护清洗

（一）文物基本概况

在宜宾市博物院馆藏青铜文物保护修复项目工作中，有一组比较特殊的鎏金鎏银饰件，共有数千件，形状、大小规格不一。经多方资料搜集、考证，发现这组饰件与秦良玉战袍（图7-16）以及卫佐邦战袍（图7-17）的饰件多有相同之处。

---

[1] 刘仁志：《镀金与无氰镀金应用述评》，《电镀与精饰》2013年第5期。
[2] 何敏敏：《金—铜—钯合金的无氰电镀工艺及其成核机理》，大连理工大学2013年硕士学位论文。
[3] 廉继英、陈飞、李正：《工业应用的直接镀金工艺综述》，《中国机械》2015年第2期。

秦良玉（1574—1648年），字贞素，四川忠州（今重庆市忠县）人，明朝末年女将，是历史上唯一一位作为王朝名将被单独立传记载到正史将相列传里的巾帼英雄。

卫佐邦（1808—1877年），字楫臣，东莞城区墩头街人，行伍出身。随名将关天培出洋防剿，屡建功绩。后得粤督林则徐器重，奏请升千总，并不断以战功荣升，历任千总、守备、都司、总兵、提督等职。卫佐邦战袍由铜盔、铠甲、左右两掩膊、前后两口肩、两块胸铠和腿裙组成。

宜宾市博物院馆藏的这批饰件小者多铸为单体的花朵、宝珠等，最小为数百件形制大小一致的泡钉形饰件（图7-18），大者有圆形、长方形和花瓣形等，多饰有龙纹、鱼纹、花卉纹等（图7-19）。

饰件表面覆盖有大量的污染物，有少数饰件受挤压变形。在其中一件圆形带把底座上，发现有"翕和老店"四字（图7-20）。经查翕和老店为重庆的老牌金店，清代《重庆府渝城图》上亦有记载。该店的历史有200年之久，原位于重庆文化宫附近，以镀金（火镀金）首饰业务为主，纯手工

图7-18　清鎏金鎏银战袍饰件去离子水清洗后

图7-19　镂空鎏金龙纹饰件　　　　　　图7-20　"翕和老店"字样饰件

制作，于20世纪三四十年代日军侵华时被炸。这件战袍饰件虽然年代较晚，但做工精致，对研究鎏金鎏银、镀金镀银工艺的发展有重要的参考意义。

（二）病害状况

采用超景深三维视频显微镜对饰件表面进行观察，发现鎏金层和鎏银层表面均存在不同程度的黑色、绿色及红褐色等表面硬结物叠压堆积（图7-21、图7-22），主要为各种灰尘、污垢及铜的锈蚀产物，局部裸露的鎏银层表面存在明显划痕，鎏金鎏银层极薄，锈蚀物透过微孔出现在镀层表面，大大减弱了其附着力。

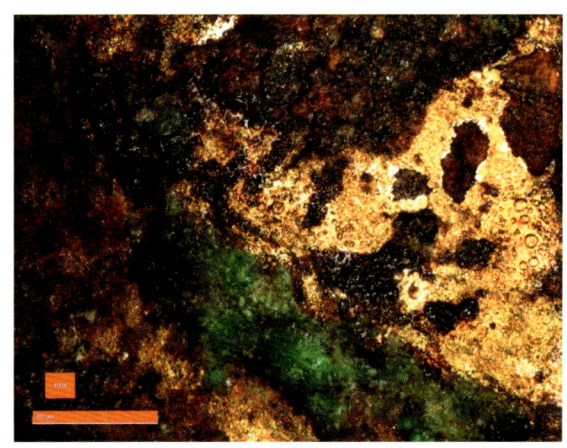

图7-21　鎏金层表面附着物（400×）

图7-22　鎏银层表面附着物（400×）

（三）保护清洗

根据这组器物的本体和病害状况，保护修复的关键为清洗污染物。要尽可能选用对文物本体干扰小的方法和材料，尽量避免对鎏金鎏银层等造成损害。针对这组鎏金鎏银饰件，单纯采用去离子水进行多次清洗效果不明显。我们在前期多年的鎏金器分析研究和保护修复经验基础上，根据不同的器物状况分别采取了不同的清洗措施。对点翠头簪饰件采用50%的乙醇溶液用棉签轻轻擦拭，对钮钉采取0.5%的EDTA-2Na辅以超声波震荡清洗，其余饰件主要采用1%的EDTA-2Na贴敷，局部采用玛瑙刀机械清理的方法，减缓了各类污染物对文物造成的危害，充分恢复了文物的原有面貌，更好地展现其艺术价值。

在清洗过程中，为了更进一步评估清洗配方的安全性和有效性，首先进行了局部小范围的试验，清洗后放置30天，定期用便携式显微镜观察清洗部位及鎏金鎏银层颜色变化，没有发现氧化变红或产生副反应，证明该清洗配方是安全可行的。经过几个月的清洁工作，这组通体被大量厚厚的污染物及锈蚀物覆盖的金饰文物露出了其原有面貌，产生了比较满意的效果。对于鎏金鎏银层已经剥落的区域，只做简单的去离子水洗或有机溶剂清洗。

清洗完成后，我们对这套战袍饰件的2754个组成部分按照形态、大小和规格等分成34类，并分别测量其相应的重量和尺寸（表7-2）。目前这批饰件保存在恒温恒湿库房，从长期的观察监测效果来看，金饰表面依然金光灿灿，如刚清洗完成后模样，也没有新的明显锈蚀产生。

表7-2　清铜鎏金鎏银战袍饰件（文物编号：531）清洗后分类组成

序号	名称	数量（件）	质量（克）	尺寸（厘米）	清洗后图片	备注
1	软甲铜零件	1	99.19	外径13.7，内径9		
2	盾形饰	1	50.41	长14.7，宽11.2		
3	梯形饰（盘龙纹）①	2	100.16	底长8.5，顶长11.1，高10.1		
4	梯形饰（盘龙纹）②	2	31.48	底长6.7，顶长5.1，高5.8		
5	夹层镂空龙纹配饰	2	137.95	长17.2，宽6.9		
6	小梯形饰（S形龙纹）	4	58.53	底长6.2，顶长4.7，高5.3		

续表

序号	名称	数量（件）	质量（克）	尺寸（厘米）	清洗后图片	备注
7	鱼纹饰件	4	35.21	半径5		
8	刀形龙纹饰件	2	26.99	长9.3，宽3.1		
9	梯形龙纹饰件	6	80.65	底长9.7，顶长9，宽3.4		断裂1片
10	长方形龙纹镂空饰件①	6	83.75	长9.9，宽3.2		
11	长方形龙纹镂空饰件②	12	108.09	长6，宽8		残1件
12	钮钉①	1728	711.02	直径1.2		完整1566颗，残缺162颗
13	钮钉②	867	245.91	直径0.4		完整794颗，残缺73颗

续表

序号	名称	数量（件）	质量（克）	尺寸（厘米）	清洗后图片	备注
14	塔形饰件	3	80	①上直径0.5，下为方形边长0.5，高2.7 ②上直径1，下直径2.7，高4.5 ③上直径2，下直径3.7，高4		1个无底座
15	半球形饰件	2	53.77	①下部内直径0.5，下部外直径5，高2 ②下部内直径2.7，下部外直径4.5，高3.8		1个有柄，1个无柄
16	带纹饰铃铛	11	38.07	直径1.2，高2		
17	素面铃铛	21	14.94	直径0.8，高1.3		
18	圆形片饰	13	0.81	内径0.25，外径0.6		
19	镂空圆形饰件①	1	8.94	直径4.8		

续表

序号	名称	数量（件）	质量（克）	尺寸（厘米）	清洗后图片	备注
20	镂空圆形饰件②	1	8.24	直径3		
21	锯齿形镂空饰件①	1	15.23	直径3.2		带柄
22	锯齿形镂空饰件②	2	6.34	大：内直径0.7，外直径1.9，高0.35 小：内直径0.7，外直径1.5，高0.25		
23	无镂空组件	4	5.48	内径0.45，高0.7		
24	菱花镂空饰件	3	3.31	内径0.7，外径0.9		
25	有凸起镂空饰件	3	7.57	内直径0.9，外直径1.5，高1.1		

续表

序号	名称	数量（件）	质量（克）	尺寸（厘米）	清洗后图片	备注
26	小花片饰	1	0.48	/		
27	小莲花座镂空饰件	1	1.51	上底直径1，下底直径1.7，腰部直径0.4，高1.3		
28	椭圆孔圆形饰件	3	35.3	直径1.5，厚0.3，柄长3.7		
29	圆形带把底座①	1	8.87	底径3，柄长1.5		
30	圆形带把底座②	1	11.29	底径2.2，柄长4.1		有"翕和老店"四字
31	玉器	1	21.78	直径2.5，内径1，高2		

续表

序号	名称	数量（件）	质量（克）	尺寸（厘米）	清洗后图片	备注
32	花形组件	1	7.24	长4.5，宽2.5		
33	不规则饰件	33	35.5	/		
34	点翠头簪饰件	10	2.61	最大长7.5，宽3.4		
合计		2754	2136.62			

三、鎏金鎏银饰件表面工艺探讨

（一）显微观察

利用超景深三维视频显微镜观察器物表面的微观形貌，发现这组清代鎏金鎏银器与重庆地区考古出土的很多早期（如汉代）鎏金器物存在不同之处，最明显的就是在这组鎏金鎏银器上很少看到当初制作鎏金鎏银层时需要反复压刮留下的原始加工痕迹。传统鎏金工序主要通过压碾等工序，使金牢固附着于铜器表面，从而达到装饰的目的。这种原始加工痕迹往往比较有规律，方向一致，且较为平滑整齐,是保证金层组织致密和结合紧密的技术关键。

这组鎏金鎏银饰件表面多为镂空的、高低起伏的纹饰(图7-23、图7-24)。通过显微观察还发现部分饰件表面比较光滑,仅存在少量杂乱无章的使用磨损痕迹(图7-25)。由于饰件器形较小,图案纹饰比较精美,基本上只有正面有金或银的镀层,背面则无,且有明显鎏金(或鎏银)层分界(图7-26),由此可知该时期的鎏金鎏银技术已相当成熟。

图7-23　鎏金纹饰三维显微照片

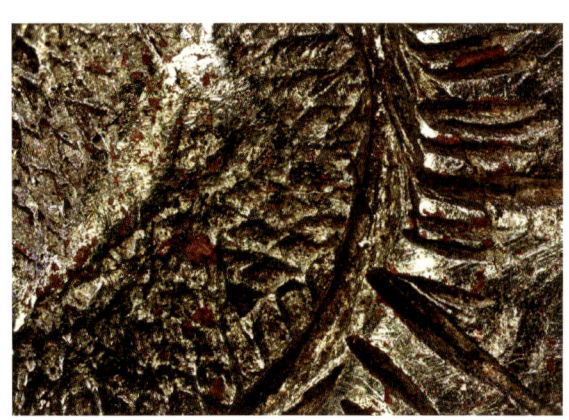

图7-24　鎏银纹饰超景深显微照片

图7-25　鎏金层褶皱情况(100×)

图7-26　鎏金层分界处(100×)

(二)鎏金层厚度检测分析

采用X射线荧光光谱仪(XRF,美国XL3t 950型)在贵金属镀层模式下对饰件的鎏金层厚度进行了快速检测分析,发现残留鎏金层的厚度差异较大,不同饰件的鎏金层厚度相差几倍至几十倍:其中一件无底座塔形饰件上未发现有鎏金层,而另一件塔形饰件上的鎏金层厚度高达3.48微米;各种带镂空纹饰的饰件中鎏金层最薄的只有0.085微米,最厚的圆弧形饰件鎏金层厚度为2.145微米,厚度相差如此悬殊，很有可能跟饰件的形状、纹饰以及工艺操作、鎏镀次数等密切相关，例如鎏金即火镀金时需要加热使汞蒸发，多次反复加热可能会引起饰件变形。尽管该组饰件的鎏金层厚度普遍较薄，但其展现的鎏金效果依然相当惊艳，体现了较高的生产工艺水平（图7-27至图7-34）。

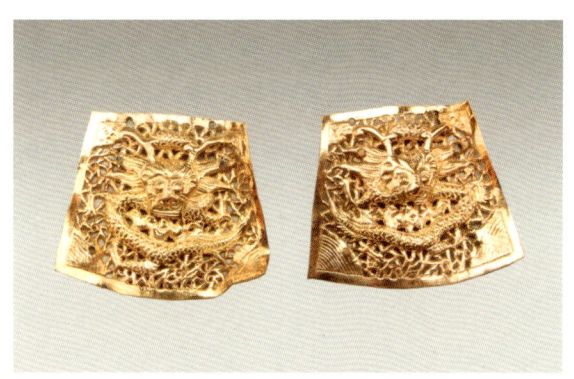

图7-27　梯形盘龙纹饰件①

金层厚度0.245±0.005微米

图7-28　梯形盘龙纹饰件②

金层厚度0.085±0.005微米

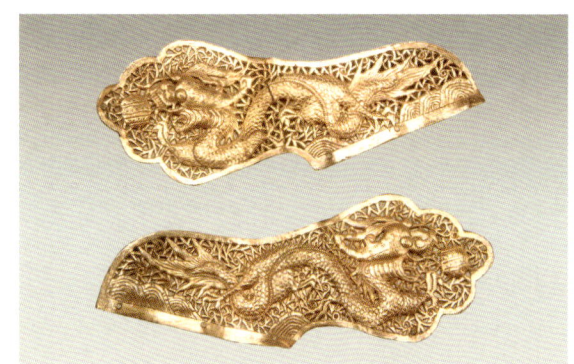

图7-29　夹层镂空龙纹饰件

金层厚度0.098±0.005微米

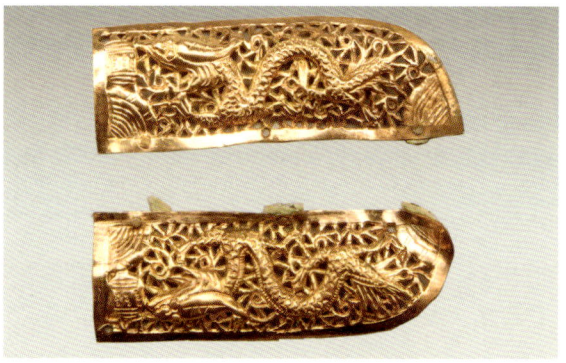

图7-30　刀形龙纹饰件

金层厚度0.281±0.006微米

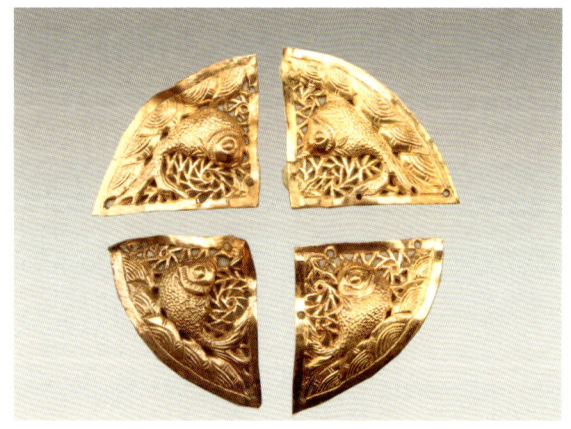

图7-31　鱼纹饰件

金层厚度0.856±0.007微米

图7-32　圆形饰件

金层厚度2.145±0.002微米

图7-33　塔形饰件①　　　　　　　图7-34　塔形饰件②
金层厚度2.306±0.018微米　　　　金层厚度3.480±0.002微米

四、鎏金鎏银工艺长久不衰的原因

（一）文化影响因素

鎏金器的制作最早始于何地，依据出土器物和有关资料，有学者认为在楚国[①]。因为目前所见的早期鎏金器，出自楚国的占有一定数量。据历史记载，从春秋时期始，楚国便不断向四面八方扩张，到战国时期，楚国的政治势力不仅到达了巴蜀地区，还越过巴蜀到了今广西、云南和贵州一带。在如此广阔的境域中，藏有极其丰富的矿藏资源。据历史文献资料及考古学研究，战国中晚期，楚文化控制了重庆峡江核心地区，巫山至忠县一带应为楚国势力范围及楚文化影响区域[②]。三峡考古发现表明，楚文化在西周中晚期就已经对重庆巫山地区有一定的影响；春秋中晚期和战国早期，楚文化已经完全控制了瞿塘峡以东的巫山地区，进而对奉节、云阳、万州等地区产生了一定的影响；战国中期晚段至战国晚期早段，楚文化深入到峡江腹地的忠县一带，控制了长江干流沿线的地区[③]。重庆峡江地区最早的鎏金铜器出现于峡江东部的万州、奉节等地，可以推测，峡江地区鎏金工艺的出现可能受西边楚文化影响。后期随着佛教文化在各地的不断发展，在重庆地区又发现较多的鎏金佛像，更多的佛像被塑金身在一定程度上促进了鎏金工艺的发展。

[①] 王海文：《鎏金工艺考》，《故宫博物院院刊》1984年第2期。
[②] 杨小刚、肖碧瑞、邹后曦：《重庆峡江地区鎏金铜器发展史研究》，《重庆文理学院学报（社会科学版）》2016年第1期。
[③] 白九江：《从三峡地区的考古看楚文化的西进》，《江汉考古》2006年第1期。

（二）市场需求因素

鎏金工艺之所以能历久不衰且有所发展，最主要原因是鎏金工艺品金光灿灿，价格合理，受人青睐，因此市场销路较好。在古代，黄金是稀有金属，产量有限，难以满足越来越大的需求，而鎏金制品从表面看与纯金器无异，既能满足虚荣的欲望，又节约了黄金的耗用量。此外，在铜胎或铁胎上鎏金，又可起到保护器胎的作用。现在随着金银产量的增多，纯金纯银产品已经不是稀缺产品，历史悠久的传统鎏金技艺几乎失传。

（三）生产工艺因素

鎏金生产工艺较为简单，首先原料（金片和汞）成本相对便宜，都能用到镀层上，浪费小；其次设备与工具较简单，投资少；另外工艺操作方便，技术不复杂；再次鎏金件无废品，第一次鎏镀金时有漏镀之处，还可以鎏金第二次、第三次，只要加热去汞时注意不可过热、使鎏金铜件熔化即可；最后一些由失蜡法铸造的镂空铜器，其他工艺（如电镀）难使镂空处和花纹处均匀镀上金时，用鎏金法可把镂空处或盲孔内都刷上金汞剂，从而达到各处都能镀上金的技术要求。

鎏金鎏银工艺最危险的就是容易汞中毒。汞及汞的化合物均是剧毒物质，在配制金汞剂、抹金泥、烤黄及刷洗时很容易造成汞中毒。此外鎏金施工过程中冲洗的废水含有大量汞和汞的化合物，随意排放会导致水体污染。随着镀金技术的发展，大部分鎏金制品都由电镀或化学镀金所取代。20世纪90年代开始，刷镀在中国迅速发展，无氰刷镀金技术在名胜古迹、门牌、雕塑、仿古复制品及工艺饰品等上受到大量应用推广，可比鎏金施工节省黄金，降低成本，无毒无污染。

五、结论

早在两千多年前，我国古代工匠就已发现并掌握了金银元素及其合金的某些优良的物理、化学特性，并利用这些特性创造出表面鎏金鎏银技术。随着社会生产力水平的进步，鎏金鎏银工艺在传承中得到不断发展和提高。通过对这组重庆地区生产制作的清代鎏金鎏银战袍饰件进行仔细观察和清理清洗，可以看出鎏金鎏银技术逐步从简单的小型器物应用到更加精美、珍贵的物品、饰件上来，展现了古代工匠们对美的追求和精湛的技艺水平。鎏金鎏银工艺经过两千多年的发展，一直活跃在各个历史时期，其主要原因除了鎏金鎏银制品视觉上的美观外，也离不开金银所具备的社会地位和功能，同时也得益于各民族、各地区之间的物质与文化交流。

附记：在这组清代鎏金鎏银战袍饰件保护清洗中，顾来沅负责清洗工作指导及分析检测，高原、范琴、毛茂玲、周玉妹、袁诗琴、秦海嘉参与了具体的保护清洗实施，黄乐生、薛加友对该文物的流源信息资料进行了收集考证，战袍参考图片由叶琳提供。

（原文发表于《巴渝文化》第5辑）

附录一
Appendix I

部分馆藏文物及相关文化背景介绍

《我住长江头》展览里的青铜剑

薛加友　宜宾市博物院

宜宾市博物院《我住长江头——宜宾历史文化陈列》展出了众多青铜兵器，包括剑、刀、戈、矛、钺、镞等，时代为战国晚期至西汉早期，出土于屏山县叫化岩、石柱地、沙坝、桥沟头、叙州区南岸街道和三江新区等地的遗址和墓地。

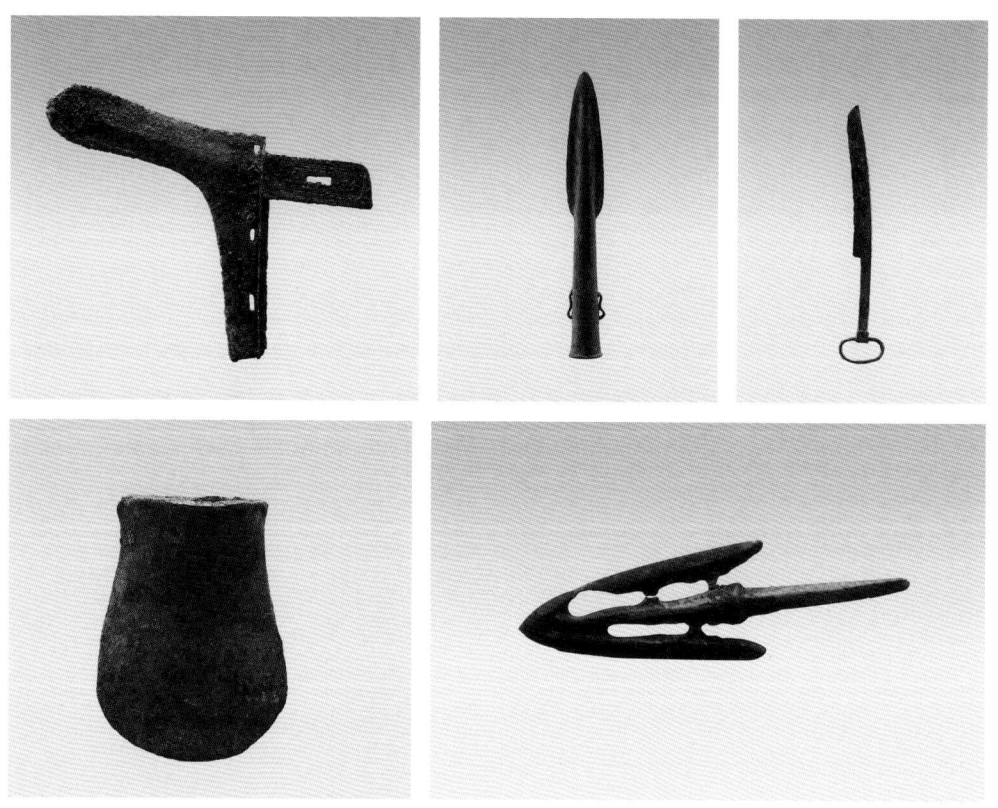

《我住长江头》展出的部分青铜兵器

本文主要讲讲青铜剑。

剑，是一种适用于近距离作战的短兵器。《释名·释兵》说道："剑，检也，所以防检非常也。"[1]西周、春秋时的铜剑还比较短，使用上以直刺为主，被称为"直兵"，防身用。战国后，剑身普遍加长（尤以秦剑为甚），也有短剑（如巴蜀柳叶形铜剑）。除了直刺外，更利于砍劈[2]，正如《墨子·节用》所载："为刺则入，击则断，旁击而不折，此剑之利也。"[3]所以剑也成了步兵和骑兵普遍使用的兵器。

本次我院展出的7件青铜剑，按照形制可分为以下四种：

第一种：普通铜剑（M1:15、M13:10）

这种铜剑与中原青铜剑差别不大，即最常见的铜剑。有的长身，短、细茎，茎部无装饰，使用时需要夹以木片，并缠以䪎緱（柄上所缠之绳）[4]。有的为圆茎，茎部加有数条平行箍。并有较明显的格。

第二种：巴蜀式铜剑（M5:6、M5:8、采1）

巴蜀式铜剑的基本器形特征为扁平无格，器身呈柳叶形，柄端有穿。这种剑最早产生于商周之际，如在成都十二桥商周遗址和宝鸡西周初期強国墓地发现过这种柳叶形短剑。战国前后，柳叶剑大量使用，基本形状又可分短剑和长剑两种，数量众多，成为巴蜀最主要的兵器，剑上多铸有巴蜀符号，具有浓厚的地方风格[5]。

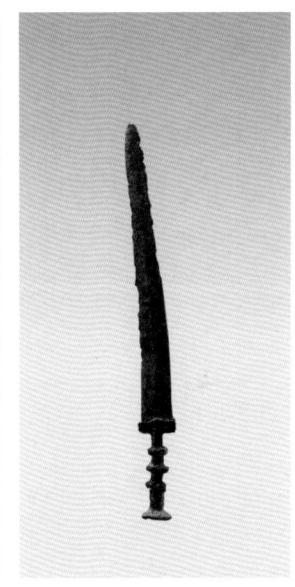

石柱地遗址出土铜剑（M1:15、M13:10）

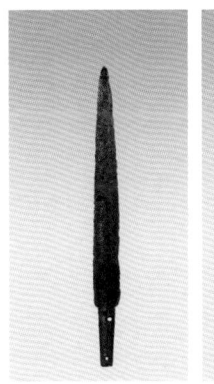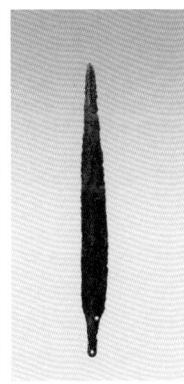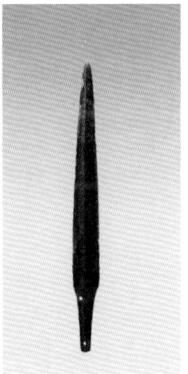

沙坝墓地出土铜剑（M5:6、M5:8、采1）

---

① 任继昉、刘江涛译注：《释名》，中华书局，2021年，第42页。
② 孙机：《汉代物质文化资料图说（修订本）》，中华书局，2020年，第164页。
③ 方勇译注：《墨子》，中华书局，2015年，第234页。
④ 朱凤瀚：《古代中国青铜器》，南开大学出版社，1995年，第271页。
⑤ 《中国青铜器全集》编辑委员会：《中国青铜器全集·巴蜀》，文物出版社，1994年，第18页。

第三种：秦式铜剑（M7:1）

秦式铜剑的最主要特点就是长。不仅剑身特长，剑茎（柄）也相对较长，且刃部很锋利。个别剑出土时毫无锈蚀，光洁如新，锋刃锐利。秦剑多为双手使用。2010年宜宾屏山县沙坝墓地7号墓出土的铜剑[①]，长度达到了62厘米，为这些铜剑中的最长者。

第四种：滇式短剑（M16:8）

滇式短剑为云南地区的先民所制作之剑，造型相比其他地区较为独特，且通常较短，与著名的秦之长剑形成鲜明对比。根据形制，滇式短剑可分为两类：一类没有剑格，剑身窄瘦；另一类带一字型剑格，剑身较宽，茎尾的首部常做成长条形镂空[②]。

从本次展出的这些青铜剑中，可以得出以下几点认识：

1. 宜宾在先秦时期为僰人聚居之地，擅于农耕和畜牧，文明开化程度相对较高。《水经注·江水》引《地理风俗记》这样说僰："夷中最仁，有仁道，故字从人。"僰由于其特殊的地理位置，即位于川、渝、滇、黔的接合部，自古多种文化在此交汇和融合，众多考古学文化因素的青铜剑在此发现便是文化汇聚的有力证明。

2. 先秦时期，巴人和蜀人主要分布在以今重庆和成都为中心的区域。巴文化和蜀文化各具特点，战国时期逐渐融合，形成了巴蜀文化，是中华文明多元一体格局中的重要一环。宜宾地处三江交汇之地，北接巴蜀，南通滇黔，是巴蜀文化向西南地区传播的重要节点，出土了众多带有巴蜀符号的青铜工具、兵器和印章，足见深受巴蜀文化影响，实证了宜宾文化通道的历史地位。

3. 滇文化的主人——滇人是古代百越人的一支。《华阳国志·南中志》载："南中在昔盖夷、越之地。"[③]与云南昭通仅一江（金沙江）之隔的宜宾叫化岩、石柱地、沙坝等地出土的一字型剑格铜剑，直接反映出两地密切的文化交流。

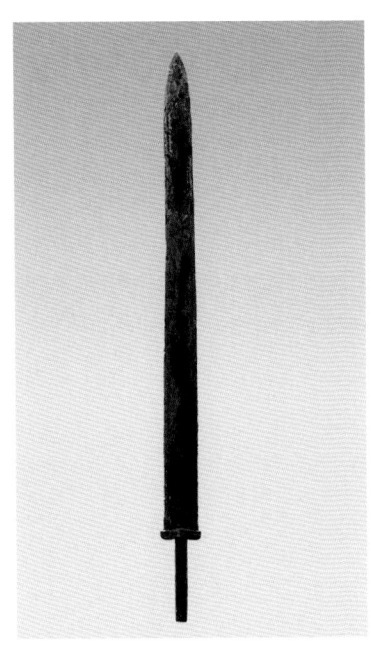

沙坝墓地出土铜剑（M7:1）

沙坝墓地出土铜剑（M16:8）

---

① 四川省文物考古研究院、宜宾市博物院：《考古宜宾五千年：向家坝库区（四川）出土文物选粹》，文物出版社，2015年，第94页。
② 童恩正：《我国西南地区青铜剑的研究》，《考古学报》1977年第2期。
③ （晋）常璩著，刘琳校注：《华阳国志校注（修订版）》，成都时代出版社，2007年，第285页。

4. 战国后期，秦蜀郡太守李冰沿岷江"积薪烧岩"、浚河修道至僰地，进一步打通了蜀与僰两地的连接线。公元前316年，秦昭襄王用司马错、张仪等攻灭巴蜀，在原蜀国置蜀郡；后在宜宾设置了第一个县级政区——僰道[①]，宜宾也随巴、蜀二郡纳入了封建中央王朝的版图，成了统一多民族国家的一部分。宜宾出土的这批铜剑（尤其是秦式铜剑），对该段历史的研究亦具有相应的价值。

东汉建初四年朱提造作双鱼铜洗

薛加友　宜宾市博物院

铜洗最早出现于战国晚期，汉代最为流行。《仪礼》有"设洗直于东荣""设洗于阼阶东南"[②]的记载。郑玄注："洗，承盥洗者，弃水器也。"洗是古人生活中常见的盥洗器具，主要由青铜铸造而成，故而称为铜洗。一般作圆形，敞口，直腹或敛腹，平底，有的器壁两侧有铺首衔环，并在内底铸有吉祥语或纪年铭文等。

东汉建初四年朱提造作双鱼铜洗，一级文物。口内径31.5厘米，口沿宽3.2厘米，底径21厘米，高16厘米，重4.7千克。铜质，侈口，宽平沿，束颈，圆腹，平底。内底部铸有"建初四年朱提造作"八字篆书铭文。铭文两侧饰镜面对称双鱼图案，鱼单线白描，有鳞有鳍，口前各有四道水纹。外腹部饰以五道凸弦纹，两侧有铺首衔环（仍可转动），整体完整。该铜洗于1988年6月出土于今宜宾市叙州区南广镇平和村姚家嘴临河公路旁的崖墓中，同时出土的还有一件双鹭铜洗，伴出物有陶罐和五铢钱等[③]。

东汉建初四年朱提造作双鱼铜洗及洗内底铭文与双鱼图案

---

① 中共宜宾市委党史研究室、宜宾市地方志办公室：《宜宾城的2200年》，四川科学技术出版社，2018年，第12页。
② 彭林译注：《仪礼》，中华书局，2012年，第197页。
③ 何泽宇：《宜宾市出土东汉纪年铜洗》，《四川文物》1988年第4期。

东汉延平元年堂狼造作双鹭铜洗,一级文物。口内径31.5厘米,口沿宽4厘米,底径22.5厘米,高18厘米,重5千克。铺首,无环。内壁磨损较重,显系长期使用所致。内底中部直列篆书"延平元年堂狼造作"八字。铭文两侧各有一鹭的侧视图像。

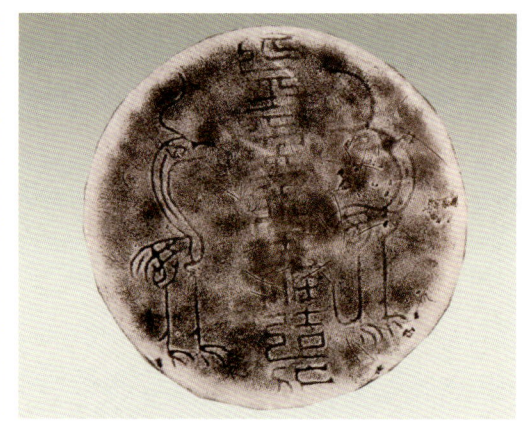

东汉延平元年堂狼造作双鹭铜洗及洗内底铭文与双鹭图案(拓片)

建初四年,即公元79年,建初为东汉章帝刘炟的年号。刘炟(56—88年),汉光武帝刘秀之孙,励精图治,注重农桑,兴修水利,减轻徭役,衣食朴素,实行"与民休息,好儒术",实现思想活跃、政治清明、经济繁荣的局面,其统治与汉明帝统治时期合称"明章之治"。

据《后汉书》记载,建初元年(76年)九月,云南地区永昌哀牢夷叛变东汉政权。直到次年,永昌、越嶲、益州三郡之兵讨伐哀牢,才平定了叛乱[①]。双鱼铜洗"造作"于建初四年(79年),正是在汉章帝平定了云南地区的叛乱后其手工业恢复和兴起、商贸往来日益密切的结果。

延平元年,即公元106年,延平为东汉殇帝刘隆的年号。刘隆(105—106年),汉和帝刘肇少子,登基时离出生刚满百天,不满周岁便夭折。汉殇帝"延平"仅一年,有此年号的铜洗极为少见。

两个铜洗中各自提到一个地名——朱提和堂狼。朱提(音:shū shí),云南昭通的古称,因朱提山、朱提江而得名。《蜀王本纪》记载蜀王杜宇"从天堕,止朱提"。汉武帝建元六年(前135年),设置犍为郡,辖领十二个县,其中就有朱提。古朱提的范围,大致包括今宜宾地区长江以南、昭通地区及贵州威宁县的地域。堂狼,又名堂琅、堂螂,今云南会泽、巧家一带。《后汉

---

① (南朝宋)范晔:《后汉书》,中华书局,2007年,第36页。

书·郡国志》："朱提，山出银、铜。"①《华阳国志·南中志》记载："堂螂县，因山名也。出银、铅、白铜、杂药，有堂螂附子。"②说明朱提、堂狼有着丰富的银、铜资源，是云南著名的铜器生产基地。

《太平御览》卷七九一引《永昌郡传》曰："朱提郡在犍为南千八百里，治朱提县，川中纵广五、六十里。"③《水经注·若水》："郡（指朱提郡）西南二百里，得所绾堂狼县。"云南山高路险，从川南丘陵到云贵高原，高差达2000米，产自千里之外的铜洗，又是如何来到川南宜宾的呢？

早在先秦时，由今宜宾经夜郎西境（今贵州威宁、云南昭通），直通今云南曲靖地区，就是古蜀以及中原地区通往西南夷地区的重要通道之一。"秦时常頞略通五尺道"，对已经存在的这条道路予以进一步整修成为官道，称"五尺道"。汉武帝时，派唐蒙拓展五尺道东入贵州，直抵六枝地区的牂牁江，联通珠江水系，这条道路被称为南夷道或唐蒙道。经由南夷道，汉武帝得以征服夜郎等南中诸国④。

五尺道从宜宾出发，分两路进入云南。一条过金沙江到水富，然后沿横江、关河上行，在盐津过豆沙关，再经过大关、巧家、曲靖，最后到滇池一带。另一条沿南广河上行，经过高县、珙县、筠连，到威信、镇雄，再经过赫章、威宁、曲靖，最后到滇池⑤。五尺道的开辟，进一步加强了内地对云南的

四川宜宾筠连五尺道

云南盐津豆沙关五尺道

---

① 钱林书：《续汉书郡国志汇释》，安徽教育出版社，2007年，第330页。
② （晋）常璩著，刘琳校注：《华阳国志校注（修订版）》，成都时代出版社，2007年，第217页。
③ （宋）李昉等：《太平御览》，中华书局，1960年，第2871页。
④ 宜宾市博物院：《我住长江头——宜宾历史文化撷英》，四川人民出版社，2023年，第30页。
⑤ 罗开玉：《四川通史·秦汉三国》，四川出版集团、四川人民出版社，2010年，第262页。

经济文化交流，四川出产的盐、铁器、布匹从僰道（今宜宾）经五尺道进入滇东北，再延伸到滇中乃至国外；云南盛产的银、铜及铜器（尤以朱提堂狼造铜洗为代表）从朱提（今昭通）经此道进入川南宜宾，再到成都平原乃至其他地区。

现存汉洗大量产于东汉时的朱提、堂狼，人们称这些汉洗为朱提堂狼洗。根据昭通市博物馆研究员丁长芬的统计，到目前为止，历史著录和全国发现并收藏的朱提堂狼造铜器达116件，铜器款识从东汉明帝永平七年（64年）至灵帝熹平四年（175年），延续了110余年。朱提堂狼铜洗有30余件，绝大部分产生于这段时间内[1]。

根据陈孝宁先生的观点，朱提堂狼造铜器有着鲜明的特点。一般均为圆形，广唇，腹有二至五道弦纹。底部有的记年代产地（主要），有的刻吉祥语，还有的是产地加吉祥语。字旁多作双鱼纹，也有无字仅铸单鱼、鱼鸟者。铭文以小篆为基础进行变化，体势方整，笔画劲健，常置于全洗最显眼的中心部位[2]。

朱提、堂狼是巴蜀文化、夜郎文化和滇文化的交汇地区，也是西汉王朝在云南最早设置郡县的地区，更是继滇池地区的滇青铜文化衰落之后，逐渐成为云南的汉移民青铜文化中心。在东汉和帝时"罢盐铁之禁，纵民煮铸"政策的影响下，放松了对民间手工作坊冶铸铜器的控制，因此在东汉顺帝在位时朱提、堂狼所造铜洗在数量上达到了顶峰。

宜宾市博物院的两件铜洗，从云南昭通经五尺道到达川南宜宾，见证了昭通铸铜业的高度发达、五尺道商贸往来的繁荣与辉煌，更突显了宜宾向来作为中央王朝经略西南少数民族地区的桥头堡，自古就是川、渝、滇、黔接合部重要的商贸物资集散地的重要区位优势与交通枢纽地位。

全国发现或馆藏朱提堂狼造铜洗[3]

省份	出土地	现馆藏地	铭文内容	出土时间
四川省	通江洪恩寺	通江县文管所	永元元年朱提堂狼铜官造作	1925年
	宜宾南广镇	宜宾市博物院	建初四年朱提造作	1987年
			延平元年堂狼造作	
重庆市	/	重庆三峡博物馆	元初三年朱提造作工	/
贵州省	兴义万屯镇	/	永元二年堂狼造	1976年

---

[1] 丁长芬：《试论东汉朱提堂狼铜官造铜器》，载宜宾市博物院编：《西南半壁》，文物出版社，2020年。
[2] 陈孝宁：《灿烂的青铜文化》，《民族艺术研究》1995年第3期。
[3] 参考自丁长芬《东汉时期昭通朱提堂狼造铜器相关问题研究》（《昭通学院学报》2018年第1期）、陈孝宁《灿烂的朱提青铜文化》（《民族艺术研究》1995年第3期）和曹吟葵《昭通县近年来几件出土文物考释》（《东川府编年史》，云南大学出版社，2018年）。

续表

省份	出土地	现馆藏地	铭文内容	出土时间
贵州省	安龙西城区	/	延熹四年朱提堂狼造作	2008年
			延光元年朱提作	
湖南省	桃源兴隆街乡	湖南省博物馆	延光三年	1986年
湖北省	阳洞区成群村	咸丰县文管所	永元十二年堂狼造	1981年
	江陵唐家山		和平二年堂狼造	
陕西省	勉县红庙	/	元兴元年堂狼作	1972年
山东省	苍山柞城古城	/	永元二年堂狼造	1980年
	济南广智院街	济南市博物馆	永元九年堂狼造作	20世纪90年代
	章丘东平陵故城		延平元年堂狼造作	
	苍山磨山公社		延熹元年造作工	1981年
辽宁省	/	辽宁省博物馆	永兴元年堂狼造	/
北京市	/	故宫博物院	建宁三年堂狼	/
云南省	昭通	云南省博物馆	阳嘉四年朱提造作	新中国成立前
			元和四年堂狼造	
			建宁年堂狼造	
	昭通甘河村白泥井	昭通市文博单位	建初元年堂狼造	1965年
	昭通柜子洞		建初八年朱提造作	
	昭通诸葛营		永元元年朱提堂狼	
			永元二年朱提堂狼	
			永建五年朱提造	
	昭通		阳嘉二年邛都造	1933年
			阳嘉四年堂狼造作	1945年
	大关岔河		汉安朱提堂狼造	新中国成立前
			永元四年堂狼造	
	大关黄葛征集		延光二年朱提	
			汉安三年朱提造	
	楚雄禄丰县	禄丰县博物馆	永初二年堂狼造作	

明万历十八年铜瓦

薛加友　宜宾市博物院

明万历十八年铜瓦,现收藏于宜宾市博物院,二级文物,长25厘米,宽17厘米,通高5.3厘米,厚0.1厘米。片瓦状,熊头呈云纹形,去瓣内有钱纹,方孔内有"日""月"二字。两边刻有连续S形纹饰,并饰以较多小圆点。下端饰以双斜线,间以三点纹。整片字体拙劲有力,铜瓦背面能清晰看到正面文字的凸起,格式也很有讲究。

明万历十八年铜瓦修复前后

其上文字为:

叙州府卫为首修理

敕封土主证谊广德忠靖威武陈神王后殿加庆宫姓名开注于右

信官进士尹从教、尹从淑,生员李□、尹继魁、尹乐任、戴廷恩、文思,信吏梁守、仝男(生员)、梁应龙、梁应魁,信士何友文、孟春阳、文懋、袁继宗、冠有礼、何朝、陈友元、曹大宾、冠友仁、袁继祖、任承祚、孟尚贤、文惠,木匠杨富、杨受己、杨持己、师加锦、杨于廷、杨于朝、杨应才,石匠杨廷茂、杨守玉,泥水匠胡珠、胡可仁、胡可礼、胡可智、胡可信,铁匠景时,镏匠佘国知、陈仲吉,庙吏范守成、范应,化主道士张清元

吉日

万历十八年十月初二日申时建立

该铜瓦为明代万历十八年(1590年)叙州府卫修理当地土主庙后殿加庆宫时的工事记录,涉及信官、生员、信吏、信士、木匠、石匠、泥水匠、铁匠、镏匠、庙吏、化主道士等,共计44人。

土主是西南地区比较流行的村社保护神，土主信仰绵延千年传承至今，是受中原文化影响的产物，与中原的社稷有着密切关系，至今仍有悠久历史的土主庙大量留存。土主信仰是在多元文化的历史背景下，各民族文化相互交流和融合的结果[①]。

巴蜀地区的土主信仰起源较早，据文献记载，这一地区"土主"一词至迟出现在宋代。南宋王象之《舆地纪胜》卷一八五记载："蜀张飞为巴西太守，有庙在今州衙东，主今为郡土主，诏封忠显英烈王耳。"[②]土主"为一方保障"，足见其对于地方的重要性和土主的职能。不同地方修建土主庙供奉的土主各有不同，四川地区多为张飞、龙神、韦皋等，重庆地区则有巴蔓子、赵延之、杨再思等。云南少数民族地区多为南诏蒙氏十三代[③]。土主在彝语中叫作"米西""明西"，俗称"土主老爷"，是位掌管人丁、牲畜、自然灾害的阎王，为一方保护神。

据清代嘉庆年间的《四川通志》记载，宜宾有三处土主庙（祠），一在城区内（"土主庙在县北"），两处在屏山县（"黑龙土主祠，在县西，一在县东南"），这只是《四川通志》上的记载，《宜宾县志》上也有记载。现在留存的古建筑中，宜宾市土主庙位于麻线街，坐北朝南，平面呈长方形，高10米，面阔三间11.7米，进深五间13.4米，建筑面积243平方米。木结构穿斗式硬山顶，四穿七柱，前后檐下施斗拱，结构形制兼有明清两代建筑特点[④]。高县土主庙位于高县罗场镇红旗村柏香湾组，建于清末，占地1000平方米，有两个院落，房间10余间，为立柱夹壁串架结构，围墙系泥石所砌。屏山县黑龙土主庙位于县西北中都，今庙为两重殿构成，中间间隔天井，两侧配以厢房，组成一座四合院，均为木结构抬梁式歇山顶，檐下施斗拱。整个建筑颇具特色。黑龙土主庙在一定程度上反映了夷氏这支民族的历史沿革、风俗习惯和文化发展状况[⑤]。

从这片铜瓦上"广德""忠靖""威武"等词来看，宜宾土主庙中供奉的这个土主，应为当地有名的一位陈姓武将，为保护当地人的安全做出了巨大贡献，大家修祠建庙，以示尊奉。

宜宾市博物院馆藏有三件带字铜瓦，年代从明万历到崇祯，再到清道光年间，历时255年，均是官方修建土主庙的工事记载，为研究明清时期宜宾的民间土主信仰提供了很好的实物材料。

---

① 张泽洪：《中国西南少数民族的土主信仰》，《中南民族大学学报（人文社会科学版）》2006年第5期。
② （宋）王象之：《舆地纪胜（中）》，江苏广陵古籍刻印社，1991年，第1259页。
③ 张泽春：《巴蜀地区土主信仰略谈》，《长江文明》2015年第1期。
④ 四川省宜宾地区文化局编印：《宜宾地区文物志》，1992年，第85—86页。
⑤ 四川省宜宾地区文化局编印：《宜宾地区文物志》，1992年，第103页。

明崇祯四年铜瓦

清道光二十五年铜瓦

附：宜宾市博物院馆藏另外两件铜瓦

明崇祯四年铜瓦

其上文字：

叙州府宜宾县为首修理翻盖

敕封土主证谊广德忠靖威武陈公神王后殿家庆宫启圣祠重修廊庑万年香灯店房姓名开注于后

举人文之涣、男孩文凤焘，生员文之彦、男文凤来，信士汤正宗、刘元（管工会首），会首李正春、陈应凤、朱可受、胡尽忠、邓瑜、陈正延、王应、贺世第、李官、周可文、陈于昌、刘天贵、薛兴舟（信官）、周世昌（信商）、刘朝纲，木匠龚一鹏、李应，泥水匠李润，铁匠张俸祖

吉日

崇祯四年七月二十八日吉时修建永远谨记

清道光二十五年铜瓦

其上文字：

今据

大清天下四川省下南道叙州府宜宾县□□内外各省首事众姓等补休翻盖土主庙前后殿宇于

道光二十五年乙巳岁秋七月十七日

各省众姓首事等敬记

明双鱼纹铜镜

陈安艳　宜宾市博物院

明双鱼纹铜镜（背面）

明双鱼纹铜镜（正面）

宜宾市博物院馆藏有一定数量的铜镜，年代有东汉、唐、宋、明、清，造型题材丰富，各具有时代特色，其中来自明清时期的数量较多。本文现就一件具有地方特色的明代双鱼纹铜镜的基本特点及文化内涵作一陈述。

明双鱼纹铜镜，直径15.6厘米，厚1.1厘米，重750克。三级文物。圆形，宽素平缘，桥形小钮。原满布铜锈，镜面多处划痕。经修复后，纹饰清晰明了。镜背面图案分为内、外区。内区钮外以水波地纹与两鱼构成主体图，双鱼展鳍摆尾，首尾相接，追逐嬉戏。双鱼张嘴鼓腮，鳞片细密规整。外区为一狭窄缠枝蔓草纹带，舒卷有致，回环流动。整体图案构思巧妙，线条流畅，形象逼真，画面充溢着一种灵动的情趣。镜面依旧平整，保存完好。无刻款和押记。

该铜镜从铜质上看，为明代较粗糙的黄铜。从纹饰上看，与宋金双鱼铜镜接近，为明仿铜镜。从铸造工艺上看，范铸后刻磨，纹饰立体感强，造型精美，为同类题材之精品。

一、鱼与宜宾人关系

鱼，与宜宾人们的生活有着密切的关系。宜宾境域内，江河纵横，水域面积宽广，水产资源丰富，鱼类众多，渔猎和养鱼历史悠久。宜宾先民除进行农业外，捕鱼是其维持生活的重要补充形式。关于江河中鱼的捕捞，《华阳国志·蜀志》言蜀的祖先有："周失纲纪，蜀先称王……次王曰柏灌，次王曰鱼凫。"①鱼凫，即鱼水鸟、鱼鹰。另外，从文献记载和大量汉陶网坠、陶水田或塘模型的出土可见，捕鱼、养鱼是宜宾先民重要的生产生活活动。宜宾先民喜欢吃鱼，出土的大量汉庖厨俑都是身前案俎上置一鱼形象。另又言"舍中会客，提壶行酤，脍鱼炰鳖"②。

二、传统鱼纹在铜镜中的运用

鱼形象作为纹饰，从新石器时期仰韶文化彩陶器上到晚清民国瓷盘上，屡见不鲜，源远流长。以鱼纹装饰铜镜，始于春秋，发展于汉代，盛行于宋金，衰落于元明，清代主要是宫廷仿古制作。明代的鱼纹铜镜出土数量不多，但却有自己的特色。鱼纹镜分布广，主要分布在河北、山东、甘肃、湖南、广西、四川等地。

三、文化内涵和美好寓意

此件铜镜中双鱼的构图设计，使画面饱满匀称。鱼的形象写实，丰满生动，并配以水波、涟漪、花草，尽显吉祥、欢乐的情趣，招人喜爱。从鱼的造型看，此件铜镜上鱼为鲤鱼。通过对双鱼纹铜镜考释，现总结如下内涵和寓意。

1. 表达祥瑞之意。史书关于鱼多有记载和著述。《史记·周本纪》上说"周有乌、鱼之瑞"。《太平御览》卷九三五引《风俗通》曰："伯鱼之生，适有馈孔子鱼者，嘉以为瑞，故名鲤，字伯鱼。"③说明鱼在古人心中是一种祥瑞的象征。

2. 借用鲤鱼生殖繁盛的特性，表达多子多孙的美好意愿。

3. 寄托人们对丰衣足食、欢乐祥和、幸福生活的向往与追求。鱼，是水中最常见的，也是为古人所普遍崇拜的动物，甚至被尊为"水神""鱼伯""水君"。"鱼"和"余"、"鲤"和"利"谐音，人们以之寄托"年年得利""餐餐有余"的愿景。

4. 借"鲤鱼跳龙门"的寓意来祈求升官登仕，表达了普通老百姓通过科举去改变人生命运的意愿和渴望。

5. 体现人们对美满爱情的追求。双鲤象征着爱情。双鲤古又称书信，有"鱼雁传书""尺素如残雪，结成双鲤鱼"佳句为证，汉乐府中也有"客从远方来，遗我双鲤鱼"的诗句，充满了不朽的、美好浪漫的艺术生命力。在古代，男女之间互赠双鲤鱼纹镜，其实就是传递爱情的信物。史书中也记载了双鲤鱼纹铜镜作为男女相爱的信物，生前相互赠送，死后随人埋葬之说法。

---

① （晋）常璩撰，刘琳校注：《华阳国志校注》，巴蜀书社，1984年，第118页。
② （晋）常璩撰，刘琳校注：《华阳国志校注》，巴蜀书社，1984年，第118页。
③ （宋）李昉等：《太平御览》，卷九三五引《风俗通》，河北教育出版社，1994年。

因此，明代双鱼纹铜镜刻录着宜宾人对鱼的崇拜和喜爱，表达着当地人对美好生活的追求与向往。其文化寓意和文化内涵是该铜镜与其他纹饰类型铜镜最根本的区别。

四、宜宾明代铜镜及产地问题

宜宾市博物院馆藏明代铜镜的数量较多，题材广泛，除常见的双鱼镜外，还有龙纹镜、双马纹镜、铭文镜等，吉祥图案和吉祥文字成为这一时期最具特色的题材。其制作精巧，纹饰精美，具有较高的艺术性和装饰性。

关于铜镜的产地，即这些铜镜是宜宾铸造还是外地传入的问题，还需考证。因目前在宜宾没有发现明代铸铜作坊，经查阅史籍，推测这些铜镜可能是在云南或宜宾周边铸造。宜宾是云南铜外运的中转站[1]，从秦汉时期就形成了曲靖经昭通到宜宾的交通运输干线，一直延续到清末民初。故这些铜镜很可能是云南或宜宾周边产的，体现了明代铸铜的工艺水平。

五、结语

此件双鱼纹铜镜铸造工艺精美，镜背面图案吉祥，表达了与人们日常生活息息相关的美好祝福。

"以物论史，透物见人。"[2]铜镜，镜面照人，镜背鉴史。它不仅是文物、艺术品，还承载着历史与技术。如今，虽然铜镜失去了它的鉴容作用，成为历史的遗产，但它为我们研究明代宜宾的政治经济、思想文化、社会生活、民俗习惯、手工业发展提供了很好的实物资料。

---

[1] 蔡永旭：《宜宾"县正堂于示碑"考释》，《四川文物》2005年第4期。
[2] 张忠培：《关于中国考古学以物论史、透物见人的探索与思考》，《中国考古学：走进历史真实之道》，科学出版社，2004年，第265—282页。

清铜鎏金度母像

赵紫薇　宜宾市博物院

宜宾市博物院馆藏清铜鎏金度母像，黄铜铸造，为度母站像，下为莲花座。通高48厘米，佛像宽16厘米，厚9厘米，高39.8厘米。头饰花冠，身披数道璎珞，赤足，右虚步，略侧身站立，身段曲线分明，颇富韵味。右手平胸施说法印，左手下垂，指呈莲花状。造型曼妙，富有美感。

清铜鎏金度母像

一、保存现状

这件鎏金青铜文物为宜宾市博物院在20世纪90年代征集所得，是一件清代藏传佛教度母站像。2019年，宜宾市博物院委托重庆市文化遗产研究院（今重庆市文物考古研究院）采取有针对性的修复方案对其进行了科学的修复工作[①]，充分恢复了文物的原有面貌，并在清洗完成后定期跟踪观察，做好日常展览中的温湿度记录与监测，最大限度地对其进行保护，发挥其文化和艺术价值。

二、度母造像的宗教意义

度母在藏传佛教中被称为"三世诸佛之母"或"一切众生之母"[②]。通常又称多罗菩萨、圣救度佛母，是藏传佛教最为重要的女性神祇之一，共有二十一尊，皆为观世音菩萨之化身。据传度母头上戴的通常是五佛宝冠，身佩各种珠

---

① 顾来沅、黄乐生：《一件藏传佛教鎏金度母站像的清洗研究》，《文物鉴定与鉴赏》2021年第3期。
② 德吉卓玛：《论度母的起源与文化模式》，《西藏研究》2006年第4期。

清铜鎏金度母像清洗前　　　　　　　　　清铜鎏金度母像清洗后

宝，下身着重裙，以示庄严。度母面现慈悲相，左右二臂，为胜义和世俗二者之真谛，各种珠宝、璎珞、镯等严饰其身，是度母圆满福慧的象征。度母的坐台、月轮和莲花座，也有其自身的解释：月轮座，象征着足具智慧；而莲花座，象征着具有慈悲之本性[①]。

度母以其"闻声救度"的特质使得藏传佛教流布地区的僧俗信众普遍对度母有一种牢固的情感联系与信仰，往往抱有"如同母亲般"的依赖感和亲切感，成为弱者最为坚实的依怙。

在藏传佛教中二十一度母有绿、红、黑、白、黄、蓝等不同的身体颜色，象征着不同的意义。主尊是绿度母，也是流传最为广泛的度母形象之一。绿色象征的是度母驾驭各种事业；白色象征度母之身，同时表示一切法清净无染；红色象征度母之语，也表示她无贪恋，对众生充满悲悯之情；黑和青蓝色象征度母之意，表示她远离嗔恨，对众生充满爱心和慈善之心；黄（橙）色象征度母之功德，同时表示她能使众生的一切事业增益圆满。

藏传佛教二十一度母作为一种特殊的艺术形象，虽然吸收各地文化风格，但最后却形成独具特

---

① 《中国少数民族古代美学思想资料初编》编写组：《中国少数民族古代美学思想资料初编》，四川民族出版社，1989年，第346—358页。

附录一　部分馆藏文物及相关文化背景介绍　175

色的藏传佛教艺术,不仅是藏民族自成一格的认识世界的文化体系的一部分,更是藏传佛教走向世界的手段和途径,也是中华文明历史发展中不可或缺的宝贵文化遗产。

三、宜宾市博物院清铜鎏金度母像形象

白度母头像　　　宜宾市博物院清铜鎏金度母

对比藏传佛教绘画艺术的局部研究图《白度母头像》①,可以看出宜宾市博物院度母像与其形象极其相似,造型装饰相仿,且神态柔美,做工精细,线条清晰,层次感丰富。顶髻形状犹如伞盖状,伞盖可以庇护众生,也表示五谷丰登财宝添;额头形状善美,眉梢形状像一张弓,将能经常赐吉祥;眼睛黑白分明,眼形犹如莲花瓣,表示度母的心灵纯净,出淤泥而不染;耳孔犹如螺贝两边旋,耳孔大小适宜美观,螺贝能使声音传得更远,表示能听到众生的祈求;口的形状细软且带微笑,表示众生能安乐得胜;下颌肉垂为圆形,表示结果圆满。度母站像躯体线条转折、起伏优美,比例匀称,且高度人性化,应是藏传佛教中的度母造像精品。

常见度母造像多为坐像,类似宜宾市博物院的这件度母站像并不多见,为我们对该类型文物的保护与研究带来全新的视角。

---

① 尕藏编译:《藏族佛画艺术》,青海民族出版社,1987年,第1页。

附录二
Appendix Ⅱ

保护修复前后对比照片

东汉铜钟（文物编号：252）

宋葵花形铜镜（文物编号：420）

东汉铜釜（文物编号：422）

宋铜锣镲（文物编号：424-1）

宋铜锣镲（文物编号：424-2）

宋铜锣镲（文物编号：424-3）

清代铜铃（文物编号：425）

宋代铜镜（文物编号：437）

清花卉纹铜盘（文物编号：438）

明"御制锦堂春词"铜香盘（文物编号：440）

民国铜灯盏（文物编号：444）

民国铜灯盏（文物编号：445）

民国铜碗（文物编号：453）

清连弧纹铜镜（文物编号：454）

清代铜镜（文物编号：455）

清柿蒂纹诗文铜镜（文物编号：456）

东汉铜铫（文物编号：458）

清龙纹铜香炉（文物编号：459）

清铜印章盒（文物编号：460）

宋代铜灯盏（文物编号：461）

明铜香炉(文物编号:462)

明双马纹铜镜(文物编号:464)

清方格纹铜镜(文物编号:465)

清梅花纹铜胆瓶（文物编号：472）

清代铜觚（文物编号：473）

清喜上眉梢铜瓶（文物编号：474）

清双喜铜烛台（文物编号：475）

东汉仙人骑鹿铜像（文物编号：476）

汉龙首衔环铜构件（文物编号：477）

明代铜镜（文物编号：478）

明嘉靖辛酉年铜镜（文物编号：479）

明代铜镜（文物编号：480）

明葵花形铜镜（文物编号：481）

明三足龙纹铜熏炉（文物编号：482）

汉代铜马刺（文物编号：483）

东汉铜铞（文物编号：484）

宋龙柄铜匙（文物编号：485）

汉铜䥘斗（文物编号：486）

清三足葡萄纹铜熏炉（文物编号：488）

清塔形铜熏炉（文物编号：489）

清双耳龙纹铜炉（文物编号：490）

清仿明铜宣德炉（文物编号：491）

清狮钮三足铜熏炉（文物编号：492）

清代铜鼎（文物编号：493）

明万历十八年铜瓦（文物编号：498）

明清铜瓦（文物编号：499）

清铜香炉（文物编号：500）

清镂空梅花纹铜熏炉（文物编号：501）

清描金观音铜坐像（文物编号：505）

东汉铜鐎斗（文物编号：506）

清铜手炉（文物编号：507）

清关帝铜像（文物编号：508）

附录二 保护修复前后对比照片 195

东汉铜鉴(文物编号：510)

明双鱼纹铜盘(文物编号：511)

清代铜壶(文物编号：515)

东汉铜洗（文物编号：517）

汉代铜铞（文物编号：518）

东汉延平元年堂狼造作双鹭铜洗（文物编号：520）

明"吴明宇造"铜镜（文物编号：521）

明"吴见明造"铜镜（文物编号：523）

明"笪仰泉造"铜镜（文物编号：524）

汉双耳铜釜（文物编号：527）

汉代铜鉴（文物编号：529）

清铜鎏金鎏银战袍饰件（文物编号：531）

附录二　保护修复前后对比照片

汉双耳铜釜（文物编号：532）

东汉铜鐎斗（文物编号：534）

清代铜灯（文物编号：535）

宋三足铜灯盏（文物编号：537）

东汉铜鉴（文物编号：538）

东汉铜钟（文物编号：542）

汉代铜釜（文物编号：543）

清道光二十五年铜鼓（文物编号：577）

明连弧纹铜镜（文物编号：902）

明双鱼纹铜镜（文物编号：903）

明"二龙戏珠"纹铜镜（文物编号：904）

汉铜带钩（文物编号：908）

清铜印盒（文物编号：910）

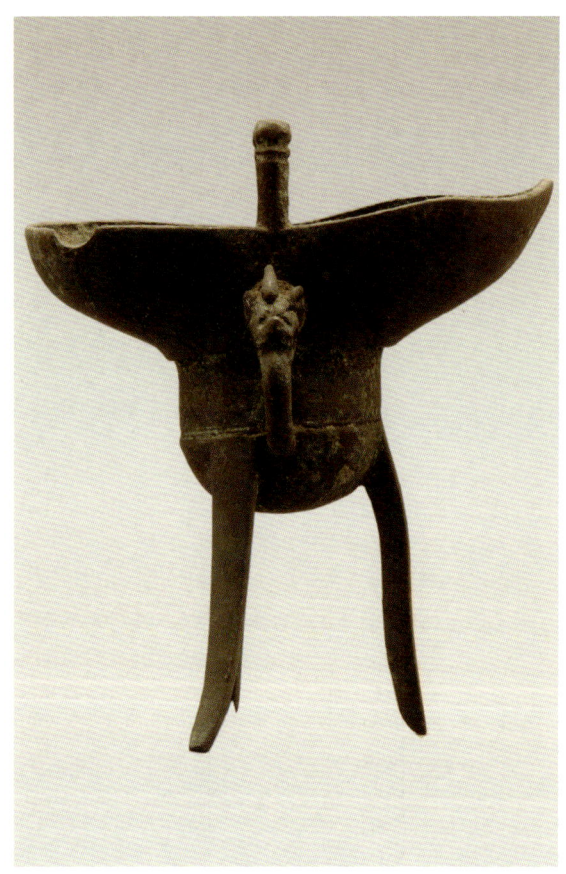 

清代铜爵（文物编号：931）

清双喜铜烛台（文物编号：932）

清代铜磬（文物编号：935）

附录二 保护修复前后对比照片

清铜鎏金度母像（文物编号：969）

西汉铜蒜头壶（文物编号：970）

汉双耳铜釜（文物编号：971）

战国铜剑（文物编号：972）

东汉环首铜刀（文物编号：975）

战国铜矛(文物编号：980)

清仿明铜宣德炉(文物编号：981)

清铜台案座(文物编号：983)

唐海兽葡萄纹铜镜（文物编号：985-1）

唐海兽葡萄纹铜镜（文物编号：985-2）

宋葵花形带柄铜镜（文物编号：986）

近代人物铜坐像（文物编号：1022）

东汉双耳铜壶（文物编号：1031）

近代贴金铜像（文物编号：1035）

东汉铜鉴（文物编号：1051）

东汉铜鉴（文物编号：1052）

东汉双耳铜釜（文物编号：1053）

东汉铜鉴（文物编号：1214）

宋代铜鼓（文物编号：1464）

战国铜钺（文物编号：1470）

战国铜钺（文物编号：1471）

东汉双耳铜釜（文物编号：1604）

清代铜碗(文物编号:1777)

东汉鎏金铜鉴(文物编号:1985)

东汉铜鋗(文物编号:1986)

东汉铜鉴(文物编号：1987)

东汉铜铞(文物编号：1988)

东汉铜钟(文物编号：1989)

东汉纪年铜洗(文物编号:1990)

东汉朱雀铜洗(文物编号:1991)

东汉双耳铜釜(文物编号:1992)

东汉铺首衔环铜甑（文物编号：1993）

东汉建初三年堂狼作双鱼纹铜洗（文物编号：2063）

汉铜带钩（文物编号：2322）

明荷花纹带柄铜镜（文物编号：2377）

附录二 保护修复前后对比照片

战国柳叶形铜剑（文物编号：2378）

战国饕餮纹铜矛（文物编号：2379）

东汉铜洗（文物编号：2413）

东汉铜剑残件(文物编号:2422)

东汉铜带钩(文物编号:2507)

东汉铜盆(文物编号:2739)

清鎏金铜佛像(文物编号:2748)

附录三
Appendix III

部分文物X射线透射照片

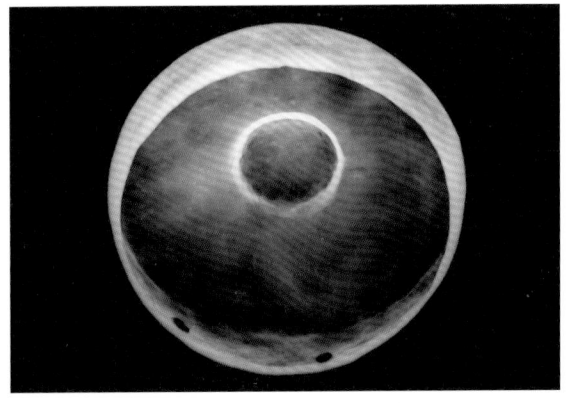
宋铜锣镲X射线透射图（文物编号：424）

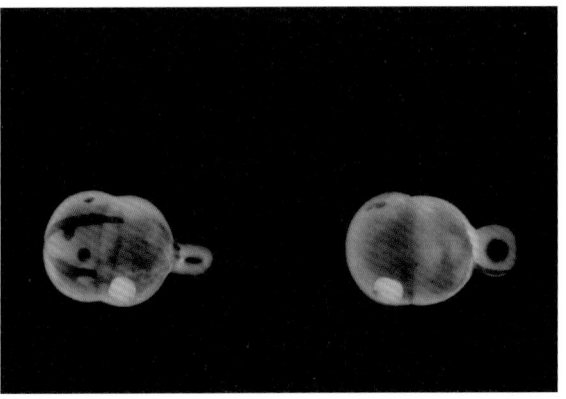
清代铜铃X射线透射图（文物编号：425）

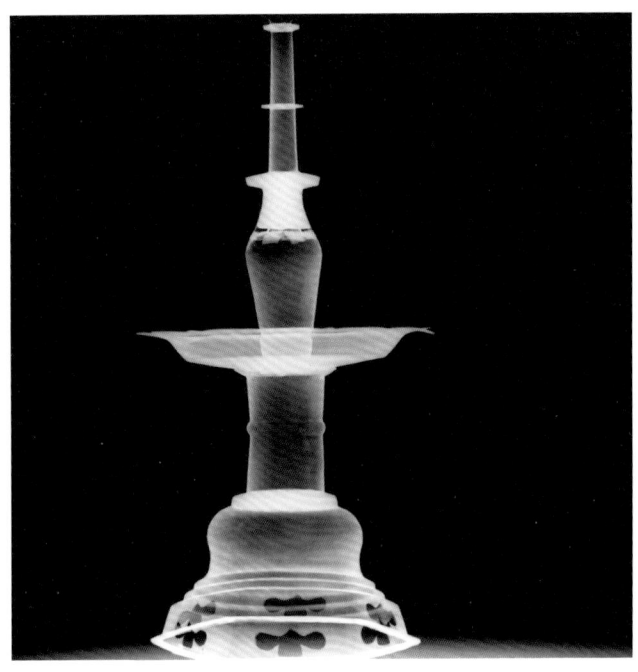
民国铜灯盏X射线透射图（文物编号：444）

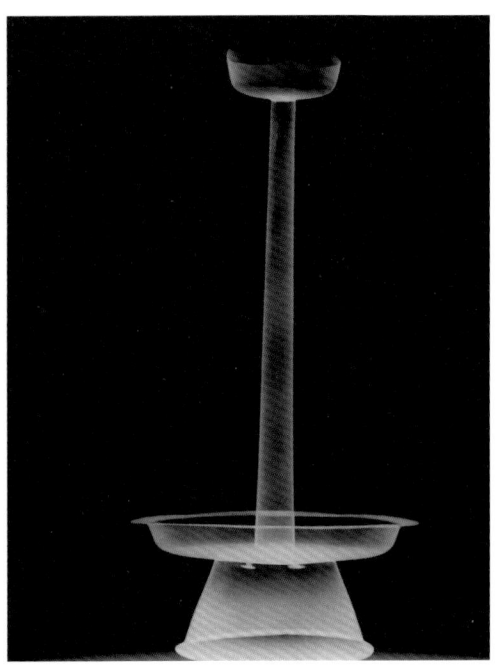
民国铜灯盏X射线透射图（文物编号：445）

民国铜碗X射线透射图（文物编号：453）

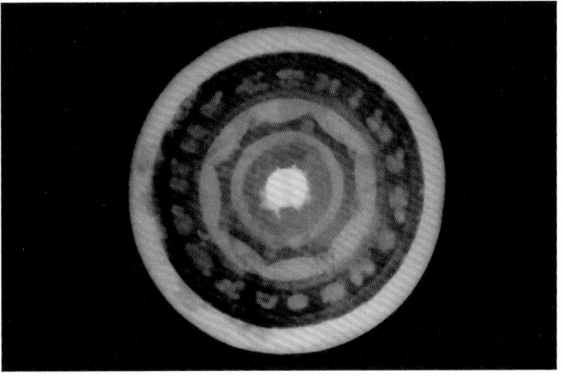
清连弧纹铜镜X射线透射图（文物编号：454）

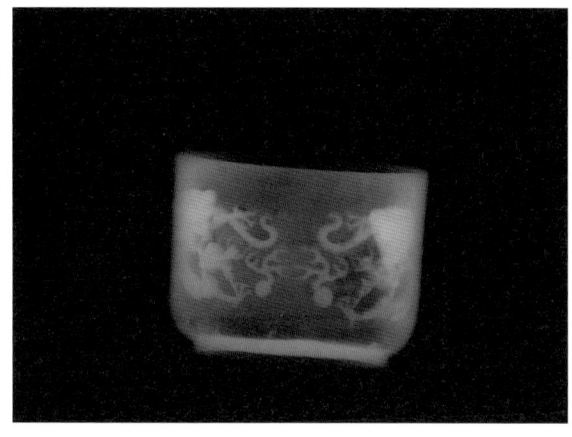
清龙纹铜香炉X射线透射图（文物编号：459）

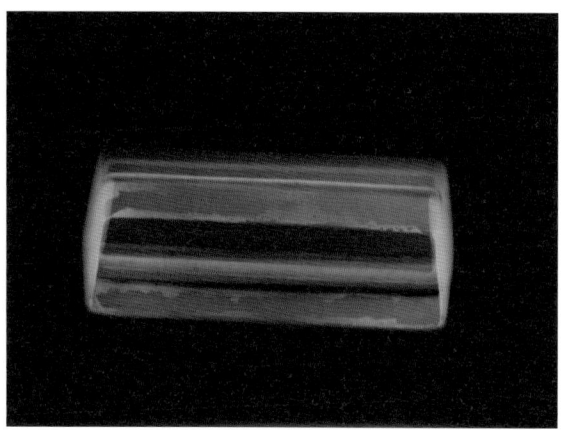
清铜印章盒X射线透射图（文物编号：460）

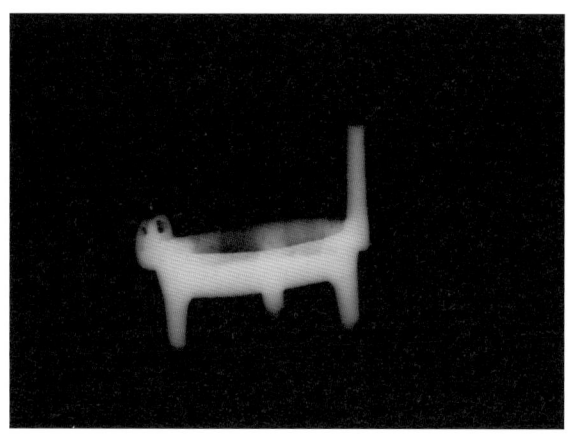
宋代铜灯盏X射线透射图（文物编号：461）

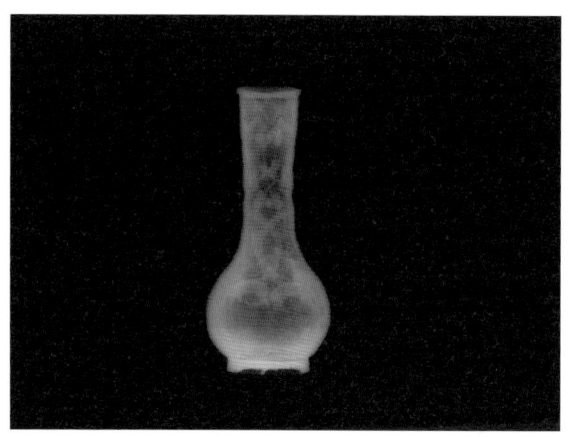
清梅花纹铜胆瓶X射线透射图（文物编号：472）

清代铜觚X射线透射图（文物编号：473）

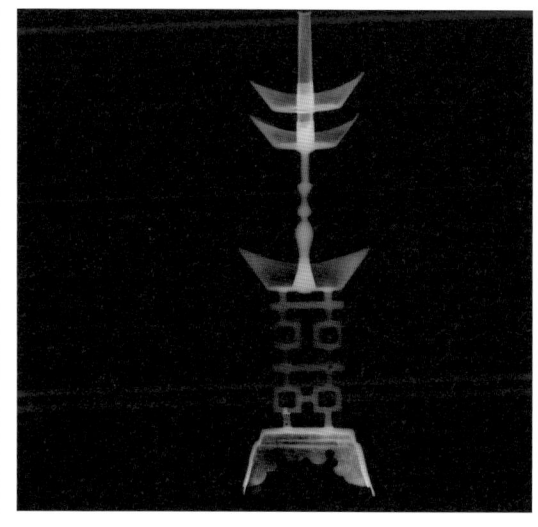
清双喜铜烛台X射线透射图（文物编号：475）

附录三 部分文物X射线透射照片 223

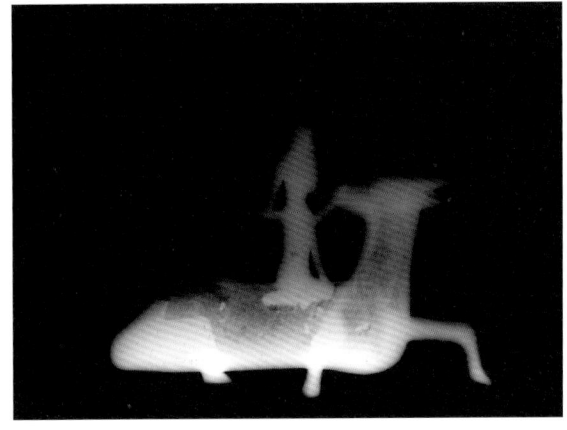
东汉仙人骑鹿铜像X射线透射图（文物编号：476）

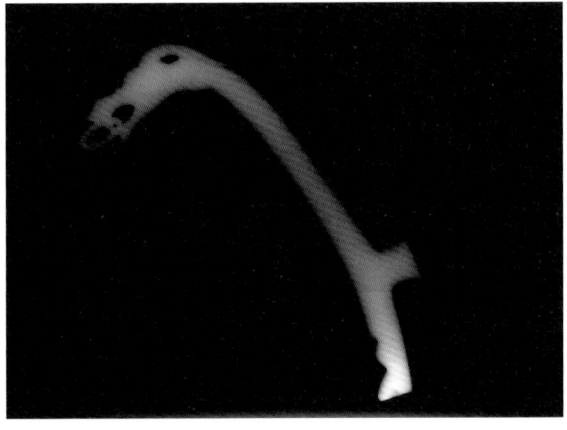
汉龙首衔环铜构件X射线透射图（文物编号：477）

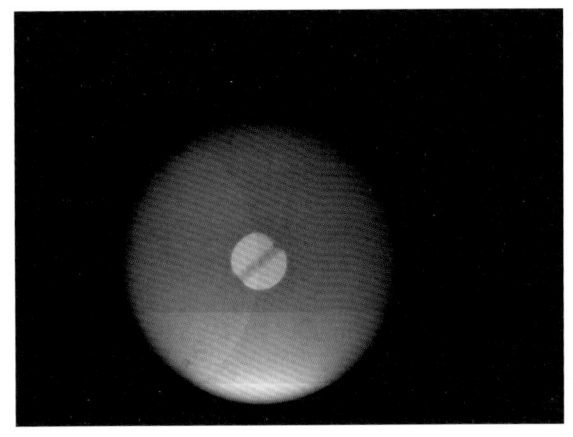
明代铜镜X射线透射图（文物编号：478）

明嘉靖辛酉年铜镜X射线透射图（文物编号：479）

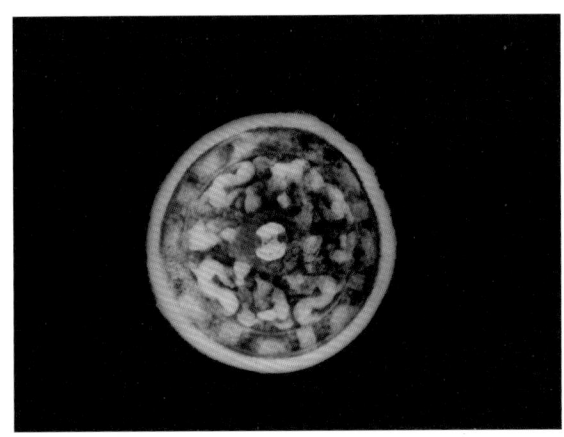
明代铜镜X射线透射图（文物编号：480）

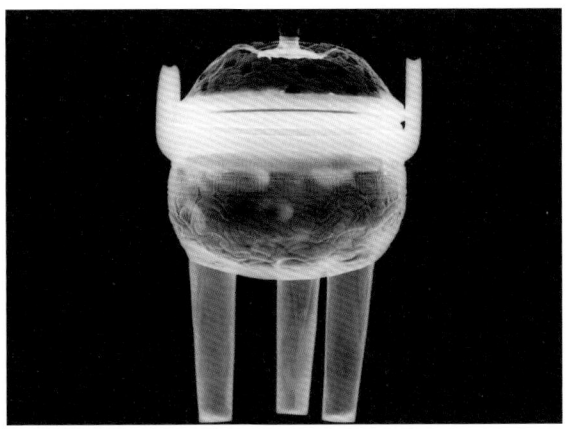
明三足龙纹铜熏炉X射线透射图（文物编号：482）

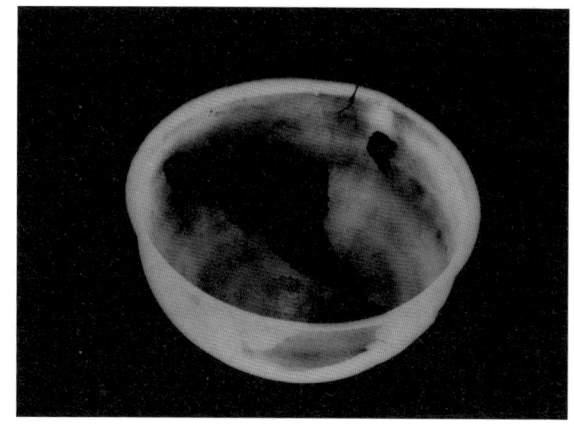
东汉铜铫X射线透射图（文物编号：484）

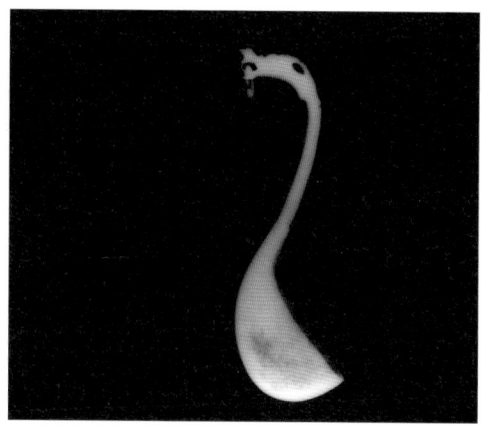
宋龙柄铜匙X射线透射图（文物编号：485）

清双耳龙纹铜炉X射线透射图（文物编号：490）

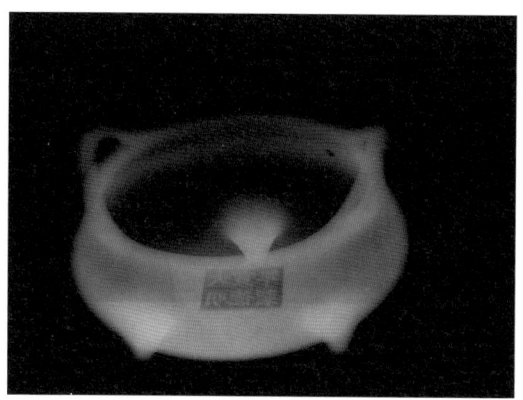
清仿明铜宣德炉X射线透射图（文物编号：491）

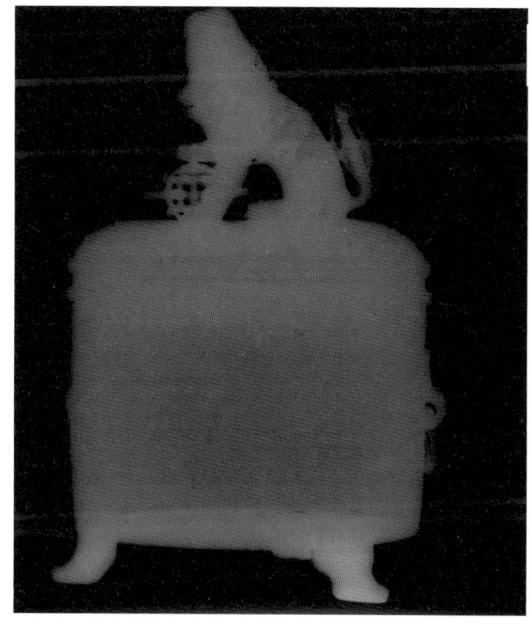
清狮钮三足铜熏炉X射线透射图（文物编号：492）

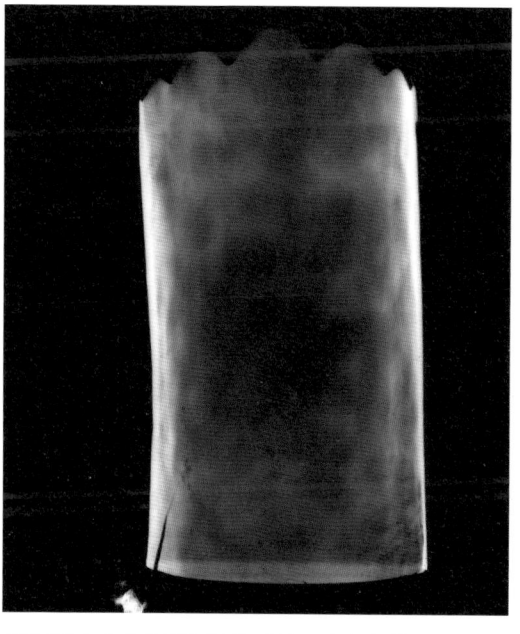
明万历十八年铜瓦X射线透射图（文物编号：498）

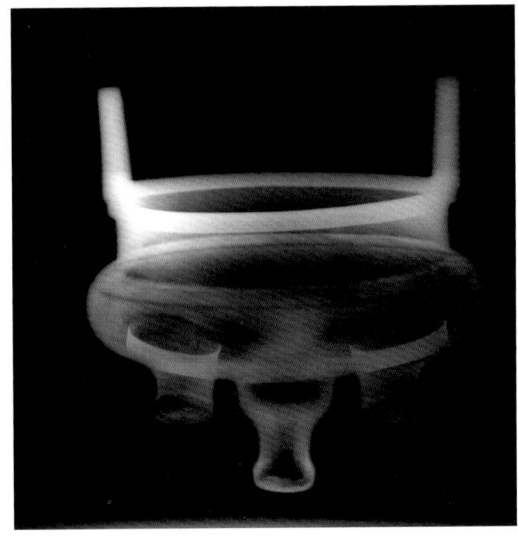
清铜香炉X射线透射图（文物编号：500）

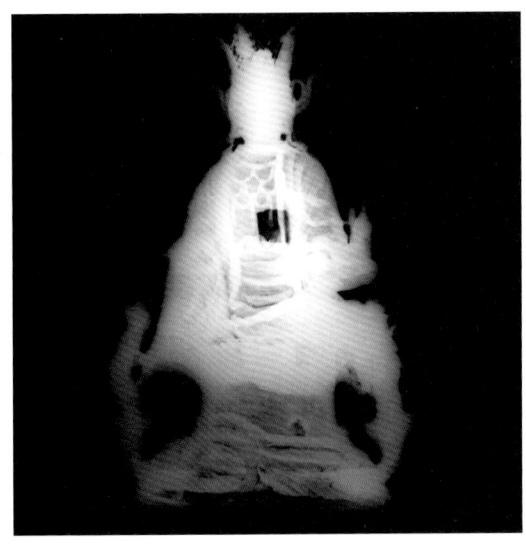
清描金观音铜坐像X射线透射图（文物编号：505）

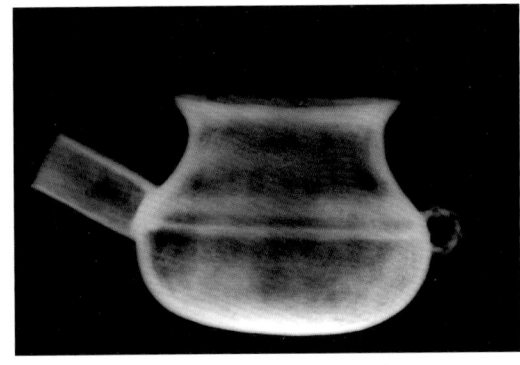
东汉铜鐎斗X射线透射图（文物编号：506）

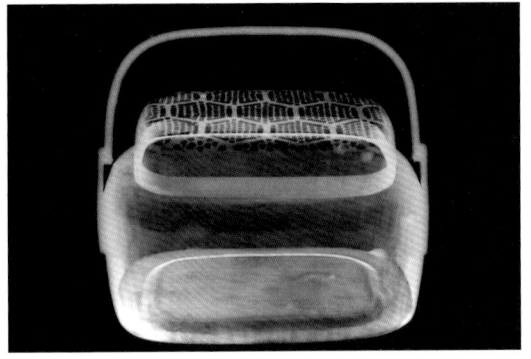
清铜手炉X射线透射图（文物编号：507）

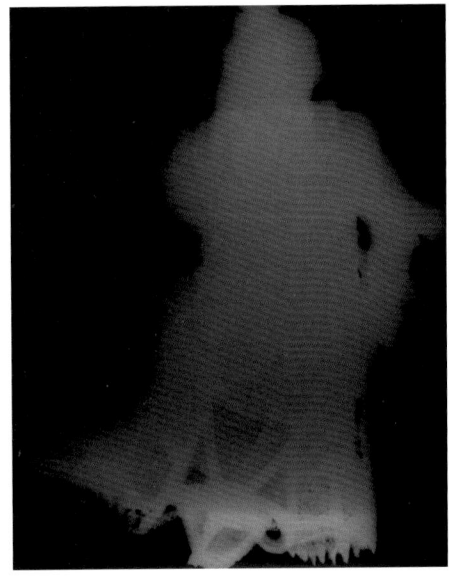
清关帝铜像X射线透射图（文物编号：508）

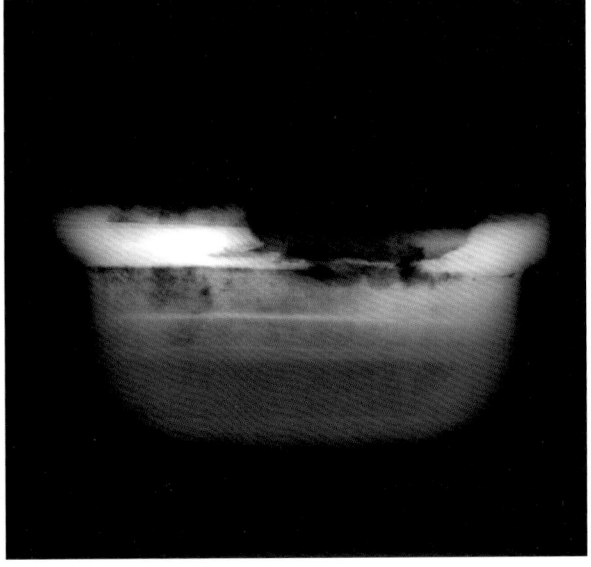
东汉铜鉴X射线透射图（文物编号：510）

东汉铜洗X射线透射图（文物编号：517）

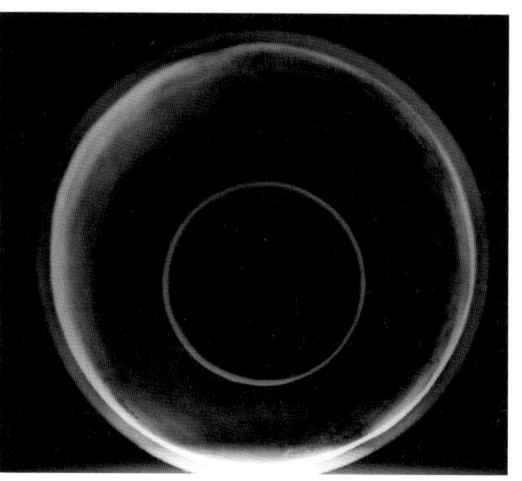
汉代铜铙X射线透射图（文物编号：518）

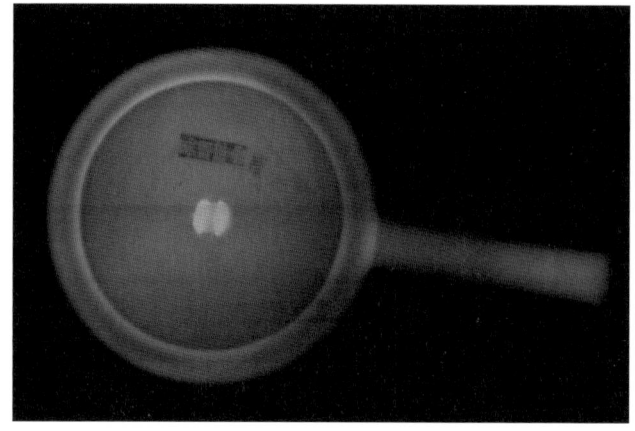
明"吴明宇造"铜镜X射线透射图（文物编号：521）

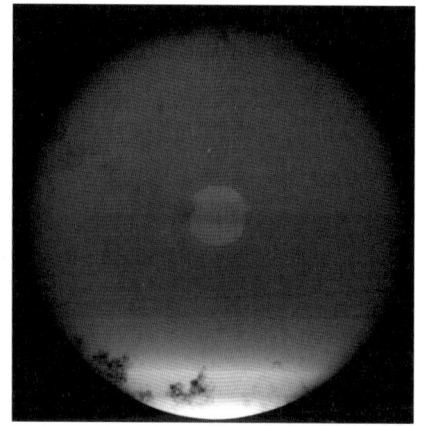
明"吴见明造"铜镜X射线透射图
（文物编号：523）

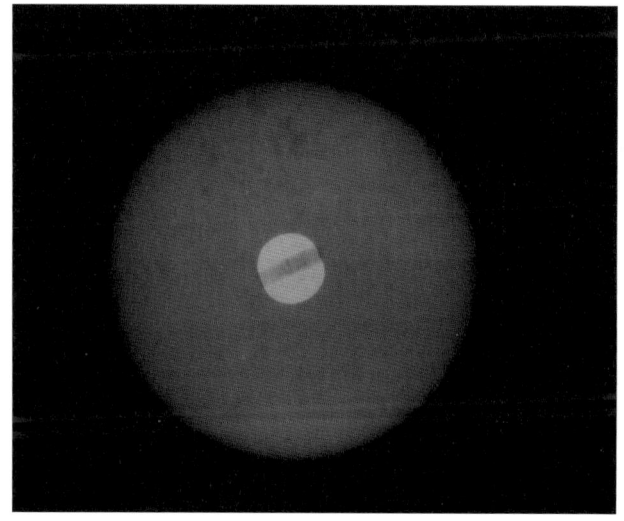
明"笪仰泉造"铜镜X射线透射图（文物编号：524）

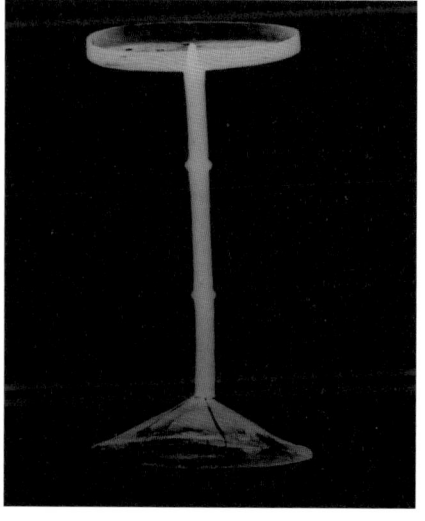
清代铜灯X射线透射图（文物编号：535）

东汉铜鉴X射线透射图(文物编号:538)

东汉铜钟X射线透射图(文物编号:542)

明连弧纹铜镜X射线透射图(文物编号:902)

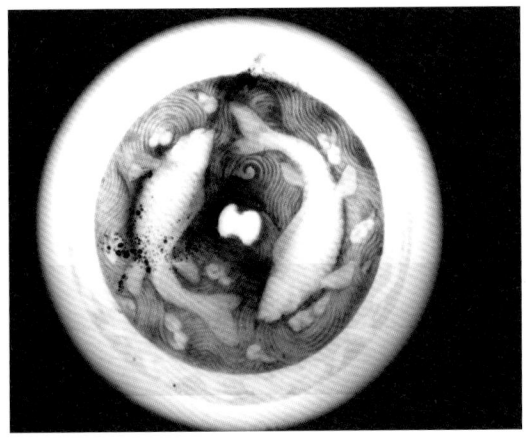

明双鱼纹铜镜X射线透射图(文物编号:903)

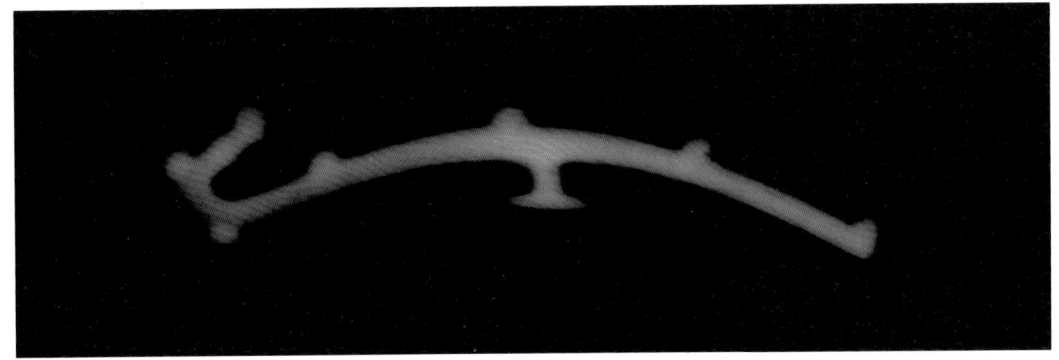

汉铜带钩X射线透射图(文物编号:908)

清铜印盒X射线透射图（文物编号：910）

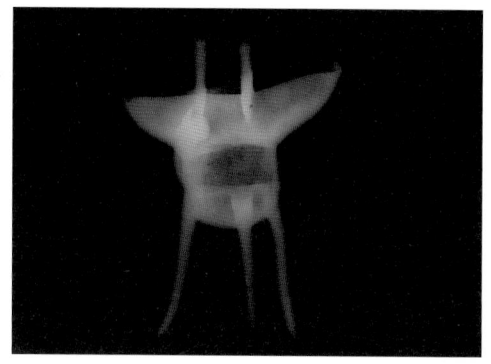
清代铜爵X射线透射图（文物编号：931）

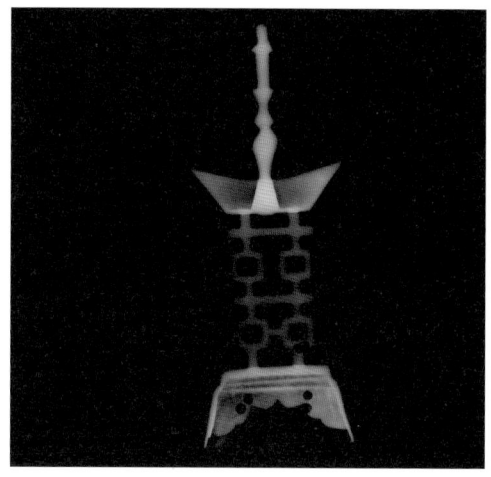
清双喜铜烛台X射线透射图（文物编号：932）

清代铜磬X射线透射图（文物编号：935）

汉双耳铜釜X射线透射图（文物编号：971）

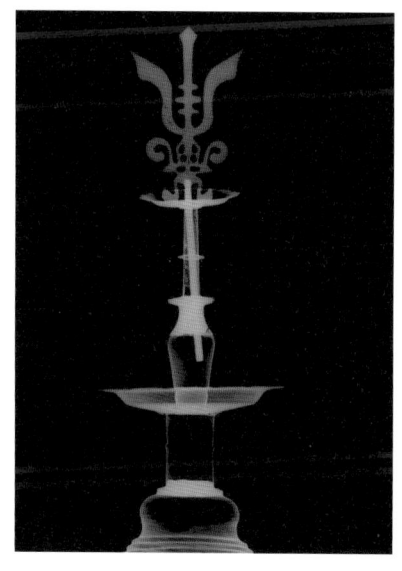
清铜台案座X射线透射图
（文物编号：983）

附录三　部分文物X射线透射照片　229

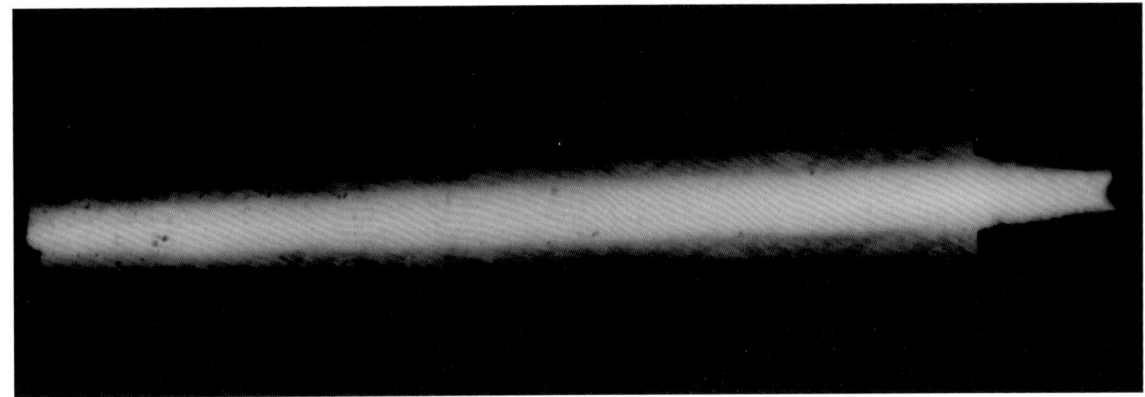

战国铜剑X射线透射图（文物编号：972）

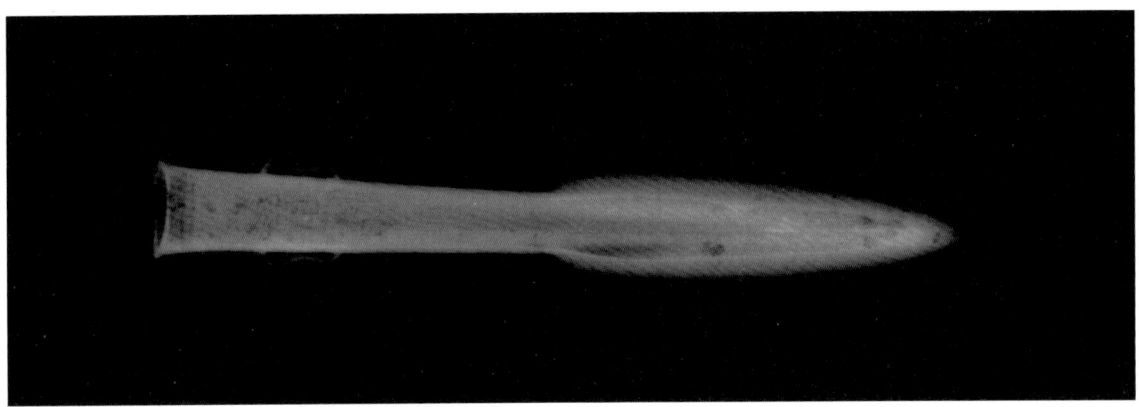

战国铜矛X射线透射图（文物编号：980）

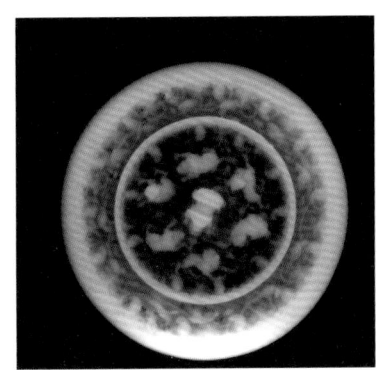

唐海兽葡萄纹铜镜X射线透射图（文物编号：985-1、985-2）

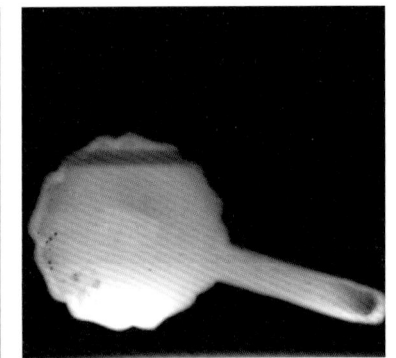

宋葵花形带柄铜镜X射线透射图
（文物编号：986）

近代人物铜坐像X射线透射图（文物编号：1022）

东汉铜鉴X射线透射图（文物编号：1051）

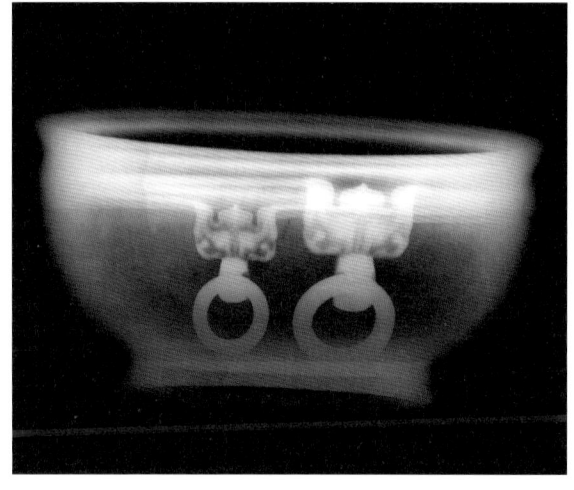
东汉铜鉴X射线透射图（文物编号：1052）

东汉铜鉴X射线透射图（文物编号：1214）

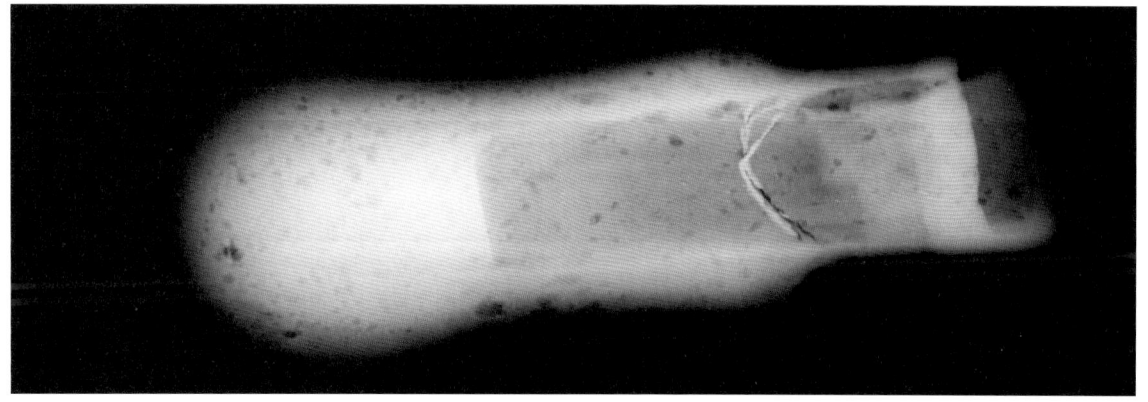
战国铜钺X射线透射图（文物编号：1470）

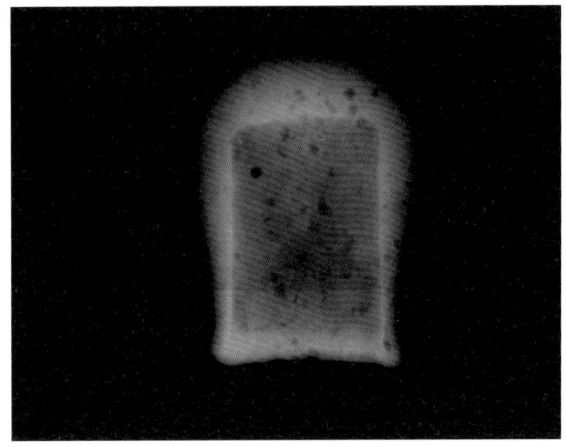
战国铜钺X射线透射图(文物编号：1471)

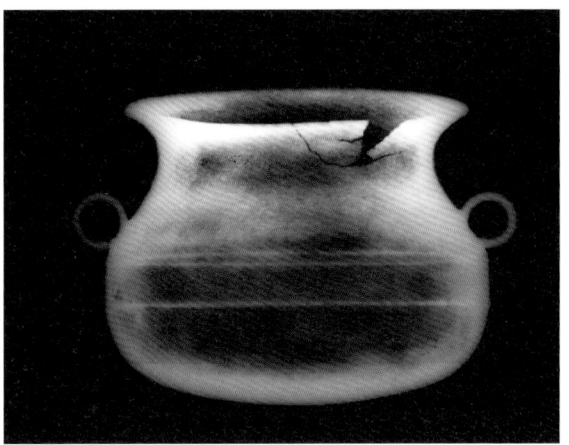
东汉双耳铜釜X射线透射图(文物编号：1604)

清代铜碗X射线透射图(文物编号：1777)

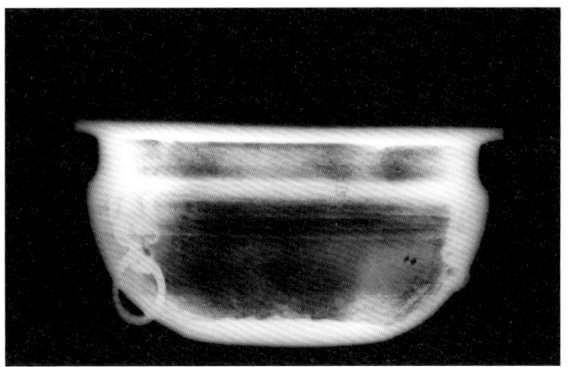
东汉铜鉴X射线透射图(文物编号：1987)

东汉铜铫X射线透射图(文物编号：1988)

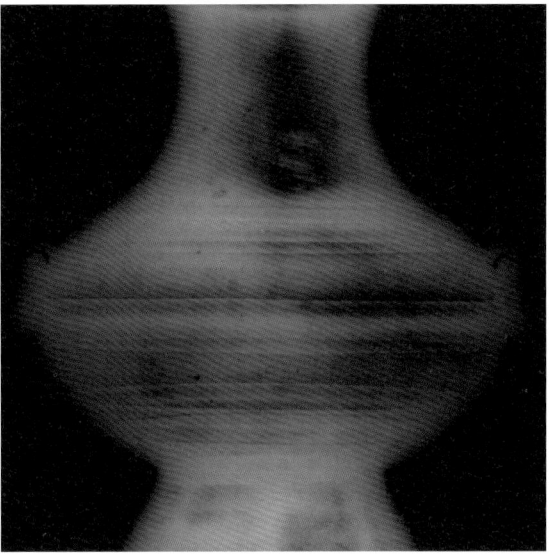
东汉铜钟局部X射线透射图(文物编号：1989)

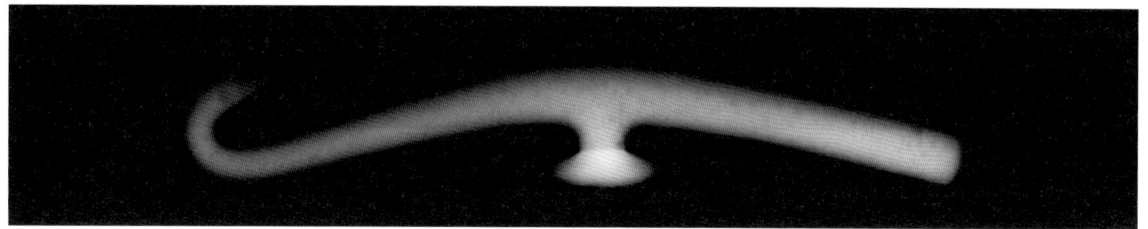

汉铜带钩X射线透射图（文物编号：2322）

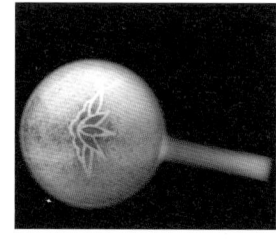

明荷花纹带柄铜镜X射线透射图（文物编号：2377）

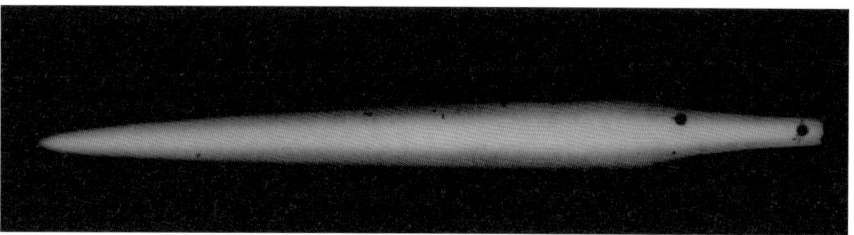

战国柳叶形铜剑X射线透射图（文物编号：2378）

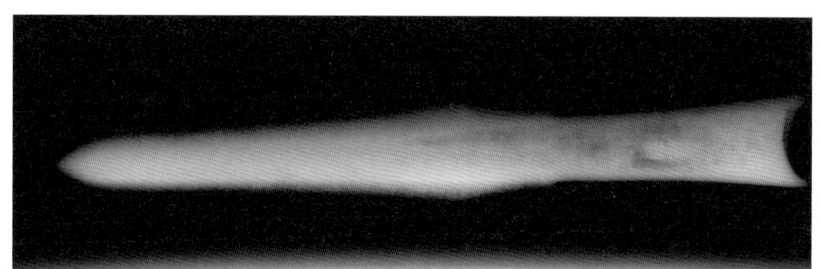

战国饕餮纹铜矛X射线透射图（文物编号：2379）

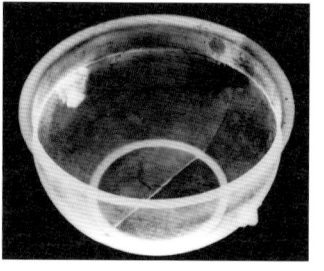

东汉铜洗X射线透射图（文物编号：2413）

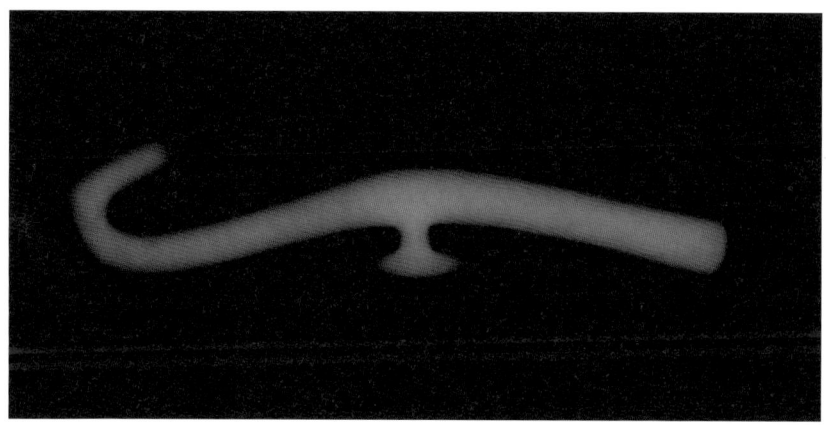

东汉铜带钩X射线透射图（文物编号：2507）

清鎏金铜佛像X射线透射图（文物编号：2748）

附录四
Appendix IV

部分文物拓片

明"御制锦堂春词"铜香盘拓片(文物编号:440)

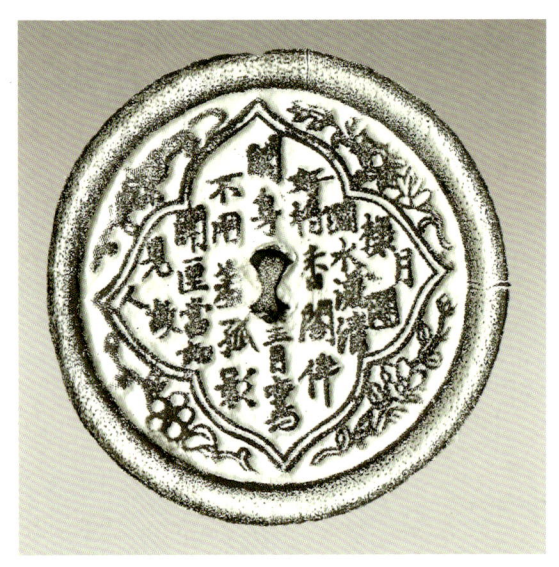

清柿蒂纹诗文铜镜拓片(文物编号:456)

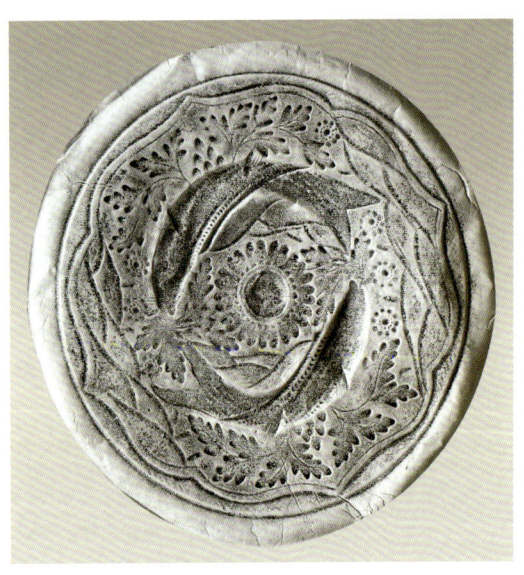

明双鱼纹铜盘拓片(文物编号:511)

东汉延平元年堂狼造作双鹭铜洗拓片

(文物编号:520)

明双鱼纹铜镜拓片(文物编号：903)

明"二龙戏珠"纹铜镜拓片(文物编号：904)

战国铜矛拓片(文物编号：980)

附录四 部分文物拓片 237

东汉纪年铜洗拓片（文物编号：1990）

东汉朱雀铜洗拓片（文物编号：1991）

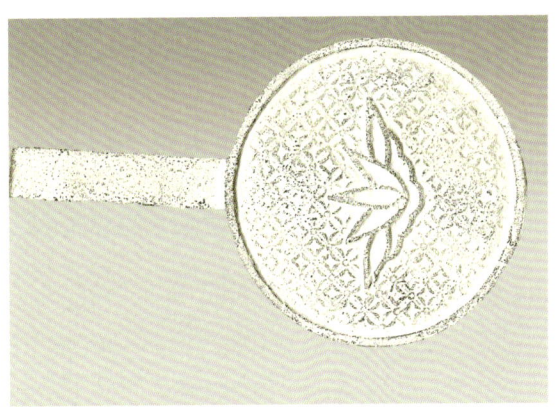
明荷花纹带柄铜镜拓片（文物编号：2377）

后 记 POSTSCRIPT

宜宾市博物院馆藏青铜文物保护修复研究

    宜宾市博物院现有馆藏文物12000余件,其中珍贵文物1471件,保护好、利用好这些珍贵文物,彰显文物的历史价值和时代价值是当代文博考古人不可推卸的责任,也可为新建博物馆的展陈奠定良好的藏品基础。《宜宾市博物院馆藏青铜文物保护修复研究》主要介绍了119套(147件)珍贵青铜器保护修复项目的实施情况及相关研究,项目工作得到了评审专家的一致认可。

    全书正文分为七章。第一章,对宜宾市博物院、宜宾市历史及文物资源,以及青铜文物保护修复项目等相关内容进行概述;第二章,介绍馆藏青铜文物病害调查与研究,对青铜文物基本情况、保存环境、病害状况进行评估,并开展相关的检测分析研究;第三章,介绍青铜器保护修复原则和技术路线、青铜器保护修复流程与案例;第四章,介绍部分金饰文物的清洗研究;第五章,介绍青铜器的透射及补铸研究;第六章,对项目成果进行总结;第七章,介绍部分馆藏文物的研究。附录介绍了部分馆藏文物及相关文化背景,并对部分文物保护修复前后对比照片、X射线透射照片及文物拓片进行了选录。

    《宜宾市博物院馆藏青铜文物保护修复研究》是一项集体成果,主编白九江、黄乐生负责全书的统筹组织及书稿审定工作。书稿第一章第一节宜宾市博物院简介、第二节宜宾市历史及文物资源由薛加友编写完成,其余章节由顾来沅执笔完成。附录一收录薛加友、陈安艳、赵紫薇等人对《我住长江头》展览中青铜剑、东汉建初四年朱提造作双鱼铜洗、明万历十八年铜瓦、明双鱼纹铜镜、清铜鎏金度母像等文物及相关文化背景的介绍。顾来沅、叶琳、薛加友、凡小盼、谢应印、赵鑫宇、高原、秦海嘉、何晨瑕、范琴、毛茂玲、周玉姝、袁诗琴、李立盼、刘佳辉参与了项目前期资料收集、科技检测、文物修复、技术指导、文物摄影、档案资料整理及文物清洗材料性能试验研究等工作。重庆市文物考古研究院（重庆文化遗产保护中心）学术委员会的专家组成员白九江、方刚、叶琳对本书提出了宝贵的意见，并对最终的定稿进行了审阅。王莹、王欣怡、马晓娇、陈国鑫对本书的出版提供了大量的帮助。在此，对所有参与的领导、前辈、学者和工作人员致以最崇高的敬意和真挚的感谢！

编者学识和水平有限，本书存在不足之处，望各位前辈、专家和同仁不吝赐教，敬请读者批评指正。

编者

2023年11月